KEIN ANRECHT AUF UNRECHT

Zum Rechtsbegriff *mit* Hermann Kantorowicz

von

Dr. Harun Pačić

Prof. (FH) an der FH des BFI Wien,
Privatdozent der Universität Wien

Harun Pačić

KEIN ANRECHT AUF UNRECHT

Zum Rechtsbegriff *mit* Hermann Kantorowicz

Nachlese

zur Philosophie des Rechts

Bibliografische Information der Deutschen Nationalbibliothek:
Die Deutsche Nationalbibliothek verzeichnet diese Publikation
in der Deutschen Nationalbibliografie; detaillierte bibliografische Daten sind im Internet über http://dnb.dnb.de abrufbar.

Herstellung und Verlag: BoD – Books on Demand, Norderstedt

ISBN: 978-3-7526-4194-3

Inhaltsverzeichnis

Der Begriff des Rechts
Vortrag zur Rechtstheorie

1.

DER BEGRIFF DES RECHTS von HERMANN KANTOROWICZ ist eine Schrift aus seinem Nachlass, die er 1939, im Jahr vor seinem Ableben, verfasst hat, um ein Werk über die Geschichte der Rechtslehre einzuleiten und auszurichten.[1] Der *Begriff* des Rechts sollte der *Lehre* vom Recht gerecht werden; weder zu weit noch zu eng gefasst sein, um ihre Eigenart zu erfassen, ohne die Vielfalt der Lehrrichtungen zu übersehen.[2]

---

[1] Vgl. H. Kantorowicz, The Definition of Law, hrsg. von A. H. Campbell, Cambridge University Press 1958; auf Deutsch: Der Begriff des Rechts, Vandenhoeck & Ruprecht in Göttingen 1963.

Hermann Kantorowicz, geboren am 18.11.1877 in Posen, gestorben am 12.2.1940 in Cambridge, lehrte Strafrecht, Rechtsphilosophie und Geschichte der Rechtswissenschaft an der Universität Freiburg i. Br., befasste sich aber auch mit Völkerrecht und Rechtssoziologie. Im Jahr 1933 zog er zeitweilig in die USA und ließ sich später in England nieder, wo er weiterhin forschte und lehrte. Bekanntheit erlangte er weltweit als Mitbegründer der Freirechtslehre.

[2] Vgl. die Einleitung von A. L. Goodhart, Oxford, vom Juli 1957, die im angeführten Buch abgedruckt ist.

Das geplante Werk wurde 1938 in der Oxforder University Press als *Oxford History of Legal Science* angekündigt, hrsg. von H. Kantorowicz und F. de Zulueta. Eine Geschichte der Rechts*wissenschaft* (-lehre) hat zuerst ihren Gegenstand abzugrenzen, und da es sich dabei um Lehren vom Recht handelt, war die Vorfrage zu beantworten, was unter *Recht* zu verstehen ist.

Hierfür suchte er nicht das Wesen des Rechts zu ergründen oder den Gebrauch des Wortes *Recht* abzuklären, sondern den Rechtsbegriff *so* zu bestimmen, wie er für Rechtsgelehrsamkeit (Jurisprudenz) erforderlich ist.[3]

---

[3] H. Kantorowicz, Der Begriff des Rechts, S. 19 bis 27, hat dargelegt, dass eine wissenschaftliche Begriffsbestimmung, wenn auch nicht der Untersuchung, so doch ihrer Darstellung *voraus*zugehen habe, um zu vermeiden, nicht zugehörige Dinge bloß infolge ihres gleichen Namens zu behandeln. Vgl. seine Kritik am Vorgehen von Rudolf Stammler: Zur Lehre vom richtigen Recht, bei Dr. W. Rothschild, Berlin/Leipzig 1909.

Sodann sei zu bemerken, dass keine Definition wahr oder falsch sei, sondern bloß mehr oder weniger *brauchbar*; man wähle also unter den möglichen Begrenzungen eines Gegenstandes die für die betreffende Wissenschaft fruchtbarste und kennzeichne diese in Übereinstimmung mit dem Sprachgebrauch durch einen schon bestehenden oder einen künstlich geprägten Namen, unter dessen Bedeutungen die gewählte Begrenzung zu finden sei. Vgl. H. Kantorowicz, Max Weber, Logos XI (1922/23), S. 256 ff.

Begriffsbestimmung (Definition) beinhalte keine Behauptung über das Dasein des Gegenstandes oder über Eigenschaften, die ihm nicht begrifflich und *damit* wesentlich zukommen; solche Fragen seien durch nachfolgende *Untersuchungen* zu beantworten, die zu wahren oder zu falschen Ergebnissen führen. Vgl. Kantorowicz, Die Rechtswissenschaft – eine kurze Zusammenfassung ihrer Methodologie, in: Kantorowicz, Rechtswissenschaft und Soziologie, Ausgewählte Schriften zur Wissenschaftslehre, hrsg. von T. Würtenberger, Verlag C. F. Müller, Karlsruhe 1962, S. 83 bis 99 (84).

H. P. Rill, Grundlegende Fragen bei der Entwicklung eines Rechtsbegriffs, in: Griller/Rill (Hrsg.), Rechtstheorie, Springer, Wien 2011, S. 1 bis 19, hat im Anschluss an H. Kantorowicz darauf hingewiesen, dass die Art und Weise, *Recht* zu definieren, eine Frage der Entscheidung, die Entscheidungsfreiheit gleichwohl nicht allzu groß sei.

Die *Theorie* des Rechts, die er hierzu fruchtbar gemacht hat, hatte er zehn Jahre zuvor umrissen, um seine Lehre vom *freien* Recht zu erläutern.[4] Diese gründet in einer Rechtsphilosophie, die *für* ihre Rechtsethik eine *allgemeine* Rechts- und juristische Methodenlehre in sich begreift.[5]

---

[4] Vgl. H. Kantorowicz und E. W. Patterson, Legal Science – A Summary of its Methodology, Columbia Law Review, Bd. 28, Nr. 6 (1928), S. 679 bis 707. Die begriffliche Festlegung müsse für den Zweck der speziellen Wissenschaft fruchtbar sein, indem sie sich als *geeignet* erweise, zu verbinden, was zusammengehöre, und zu trennen, was zu trennen sei; *so* grenze sie einen Gegenstand ab, über den zutreffende, bedeutsame Aussagen gemacht werden können, und gebe uns ein Werkzeug in die Hand, das eindeutige Zuordnungen gewährleiste. Vgl. H. Kantorowicz, Der Begriff des Rechts, S. 25.

[5] Vgl. Der Kampf um die Rechtswissenschaft, von H. Kantorowicz unter dem Pseudonym: *Gnaeus Flavius*, 1906 bei Carl Winter in Heidelberg veröffentlicht. Die freirechtliche Bewegung war *keine* rechtspolitische, sondern eine rechtsmethodologische, die auf das Schließen von Lücken im förmlichen (staatlichen) Recht durch Findung von Regeln des freien Rechts bedacht war. Vgl. H. Kantorowicz, Aus der Vorgeschichte der Freirechtslehre, Erweiterter Text der Freiburger Antrittsrede vom 26. Juni 1925, Bensheimer, Mannheim 1925, S. 5 ff. G. Radbruch, der mit H. Kantorowicz *befreundet* war, teilte mit ihm freirechtliche Ansichten, vgl. F. Saliger, Radbruch und Kantorowicz, Archiv für Rechts- und Sozialphilosophie, Band 93, Nr. 2 (2007), S. 236 bis 251.

H. Kantorowicz, Der Begriff des Rechts, S. 28, sah die Bestimmung des für die Lehre jeweils brauchbaren Begriffs „Recht" als eine Aufgabe der Allgemeinen Rechtslehre, die mit rechtstheoretischen Grundlagen befasst sei. Insoweit die Begriffsbestimmung *auch* für die Allgemeine Rechtslehre fruchtbar sein soll, müsse die gedankliche Arbeit und das Schrifttum über den Gegenstand, den der Sprachgebrauch „Recht" zu nennen gestatte, in einer historisch und logisch zusammenhängenden Einheit verschmelzen. Diese *weite* Definition sei für den Gebrauch der Allgemeinen Rechtslehre aufgestellt (S. 30). Damit kann gemeint sein, dass diese Definition zwar *zweckmäßig* beschränkbar, dabei aber *stets* mehr oder weniger brauchbar sei. Jedenfalls hielt er fest, dass der für eine umfassende Geschichte der Rechtslehre erforderliche Begriff des Rechts *derselbe* sein müsse wie derjenige, welcher für die Allgemeine Rechtslehre brauchbar sei (S. 38).

Die Rechtslehre von Kantorowicz fußt erkenntnistheoretisch auf einem methodischen *Trialismus*, der besagt, dass wir jeden Gegenstand der Erkenntnis als ein Stück Wirklichkeit (Da-*Sein*) erfahren, als ein *Sinn*gebilde (*So*-Sein) konstruieren sowie auf seinen Wert (Sein-*Sollen*) hin beurteilen (können und) müssen, wofern wir ihn in *keiner* Hinsicht verkennen wollen.[6]

Die *Wirklichkeit* des *Recht*ssatzes untersuchen wir, wenn wir die empirische Frage stellen, was damit beabsichtigt war, wie er verstanden wurde oder wird, ob und wie er angewendet und befolgt wird; seinen *Sinn*, wenn wir die konstruktive Frage stellen, mit welcher Deutung er sich in das ganze Rechtssystem einordnen lässt; und seinen *Wert*, wenn wir die kritische Frage stellen, ob dieser Sinn (Be*deutung*szusammenhang) gerecht ist.[7]

---

[6] Vgl. H. Kantorowicz, Staatsauffassungen, Jahrbuch für Soziologie I, Braun, Karlsruhe 1925. S. 101 bis 114.

[7] Ein Sinngebilde sei weder richtig noch falsch, sondern nur mehr oder weniger *passend* in Anbetracht der Anzahl und der Bedeutsamkeit der Träger, die es – wiederum mehr oder weniger – zwanglos zu verstehen erlaube. Werte haften nicht an der Wirklichkeit, sondern an ihrem Sinn; angesprochen ist die *objektive* Bedeutung z. B. eines Satzes, Gesetzes, der Geschichte oder des Lebens; sie ist von der wirklichen, *subjektiven* Auffassung darüber zu scheiden. Der Sinn wird *gebildet* und *er* fungiert als Wertträger; *so* wohnt der ethische Wert nicht der Einzelhandlung, sondern dem *Prinzip* inne, nach welchem sie vernünftig gedeutet wird. Fassen wir z. B. Wahrheit als Wert auf, so können wir eine Laut- oder Schrift-Zeichenfolge nur dann als wahr oder als falsch einordnen, wenn wir sie als *Satz* verstanden, also den *Sinn*gehalt konstruiert haben Vgl. H. Kantorowicz, Staatsauffassungen, S. 101 ff.

Für N. Forgó und A. Somek, Nachpositivistisches Rechtsdenken, in: S. Buckel/R. Christensen/A. Fischer-Lescano (Hrsg.), Neue Theorien des Rechts, 3. Auflage, Mohr Siebeck, Tübingen 2020, S. 123 bis 137, stellt *wahres* Recht „eine konstruktive Hervorbringung dar, die unter dem normativen Leitgesichtspunkt der Gleichbehandlung des Gleichen vermöge der systematischen Abgrenzung des Anwendungsbereichs von Regeln erbracht wird" (305).

Die Rechtslehre verfährt, Kantorowicz zufolge, sowohl konstruktiv als auch empirisch und kritisch.[8]

---

[8] Die Konstruktion des *Ge*sagten kann *re*konstruktiv erfolgen, indem es so gedeutet wird, wie es beabsichtigt war, oder *de*konstruktiv: wie es *be*sagt, dass es sich als *gemeint* zu sein erwiesen haben wird, wenn wir es kritisch be*fragen*. N. Luhmann meinte, Dekonstruktion hebe mit der „différance" *die* Unterscheidung hervor, die ihren Gebrauchswert ändert, wenn wir sie zu verschiedenen Zeitpunkten, in verschiedenen Kontexten verwenden. Vgl. Aufsätze und Reden, hrsg. von O. Jahraus, Reclam, Stuttgart 2011, S. 262 bis 296 (263). P. Zeillinger, Vielleicht wird das Unmögliche daher notwendig gewesen sein, in: E. M. Vogt, H. J. Silverman und S. Trottein (Hrsg.), Derrida und die Politiken der Freundschaft, Turia + Kant, Wien 2003, S. 59 bis 78 (73), deutete die Dekonstruktion als Bewegung des Hervorbringens von Gerechtigkeit; sie sei insoweit möglich und erfahrbar, als sie das Undekonstruierbare (Gerechtigkeit) sich *ereignen* lasse.

Kantorowicz hat sechs Lehr*richtungen* (Disziplinen) unterschieden: eine individualisierende vom Sinn eines historisch gegebenen Rechts – die Rechtsdogmatik; eine systematische vom Sinn eines jeden Rechts – die Allgemeine Rechtslehre; eine individualisierende vom Wert eines bestimmten Rechts – die Rechtspolitik; die generalisierende vom Wert des Rechts überhaupt – die Rechtsphilosophie; eine individualisierende von der Wirklichkeit eines bestimmten Rechts – Rechtshistorie; eine systematische von der Wirklichkeit allen Rechts – Rechtssoziologie.

Die Querverbindung mit geographisch-historischen oder sachlichen Einteilungen ergibt z. B. römische Privatrechtshistorie oder japanische Staatsrechtsdogmatik. Vgl. seine Skizze: Staatsauffassungen, S. 104 f.

GUSTAV RADBRUCH definierte vor *diesem* Hintergrund „Recht" als *die* Wirklichkeit, die den Sinn hat, *dem* Rechtswert; nämlich der Idee der (sozialen) Gerechtigkeit (Rechtsidee) zu dienen.[9]

Hermann Kantorowicz hat „Recht" als eine Gesamtheit von Regeln bestimmt, welche äußeres Verhalten vorschreiben und als gerichtsfähig angesehen werden.[10]

---

[9] G. Radbruch, Rechtsphilosophie, 3. Aufl., Verlag von Quelle & Meyer in Leipzig 1932, Studienausgabe hrsg. von R. Dreier und S. L. Paulsen, 2. Aufl. im C. F. Müller Verlag, Heidelberg 2003, §§ 1, 4 und 9.

Recht könne, so sagte Radbruch, als Menschenwerk nur aus seiner *Idee* begriffen werden; der Rechtsbegriff könne nicht anders bestimmt werden, denn als die Gegebenheit, die den Sinn habe, die Rechtsidee zu verwirklichen (§ 1). Der Begriff des Rechts sei ein Kulturbegriff, d. h. ein Begriff von einer wertbezogenen Wirklichkeit; einer Wirklichkeit, die den Sinn habe, einem *Wert* zu dienen (§ 4). Dabei nannte er den Rechtswert hier neben der Rechtsidee und meinte, die Idee des Rechts *könne* keine andere sein als die der Gerechtigkeit. An anderer Stelle in seiner Rechtsphilosophie (§ 9) sprach Radbruch davon, dass die *Idee* des Rechts nicht nur Gerechtigkeit, sondern auch Zweckmäßigkeit und Rechtssicherheit umfasse, doch ordnete er sie der Gerechtigkeit unter; *so* sind Zweckmäßigkeit und Rechtssicherheit dem Rechtswert *dienlich*.

Was Radbruch mit *dienen* meint, wird verständlich, wenn er davon spricht, dass Wissenschaft diejenige Gegebenheit sei, die, ob sie nun die Wahrheit erreicht oder verfehlt, doch die Bedeutung, den Sinn hat, der Wahrheit zu dienen: ihre Arbeit, sei sie Fortschritt oder Verirrung, *erstrebt und beansprucht* die Wahrheit (§ 1).

[10] H. Kantorowicz, Der Begriff des Rechts, S. 36 f. Seine Definition von Recht als „a body of rules prescribing external conduct and considered justiciable", knüpft an jene im CLR Bd. 28 Nr. 6 (1928), S. 687, an, wo er es als „a totality of rules of external conduct, to whose application a judge is appropriate" bestimmt hat.

Beide Definitionen sind insofern *bedeutungsgleich*, als sie in *jeder* Hinsicht dasselbe umgrenzen; sie deuten einander aus.

Wir eröffnen mit *beiden* Einsichten in die Systemtheorie von NIKLAS LUHMANN sowie in die Reine Rechtslehre von HANS KELSEN und der Wiener Schule der Rechtstheorie.[11]

---

[11] N. Luhmann, Das Recht der Gesellschaft (1995), 7. Aufl., Suhrkamp, Frankfurt am Main 2018. Zur Orientierung: J.-P. Möhle, Ein Einstieg in Niklas Luhmanns Rechtssoziologie: Leben, Werk, Gedankenwelt, ZJS 4/2019, S. 339 bis 341; Th. Vesting, Kein Anfang und kein Ende, Die Systemtheorie des Rechts als Herausforderung für Rechtswissenschaft und Rechtsdogmatik, JURA 2001, Heft 5, S. 299 bis 305.

N. Luhmann, Vorbemerkungen zu einer Theorie sozialer Systeme, in: Soziologische Aufklärung 3, Westdeutscher Verlag, Opladen 1981, S. 11 bis 24, entwarf eine *Theorie der Gesellschaft* als Soziales *System*. Zur Einführung: Reese-Schäfer, Niklas Luhmann, Junius, 6. Auflage, Hamburg 2011.

Zur Einführung in die Reine Rechtslehre: R. Walter, Hans Kelsens Rechtslehre, Nomos, Baden-Baden 1999; H. Dreier, Rezeption und Rolle der Reinen Rechtslehre, Manz, Wien 2001; H. Kelsen, Was ist die Reine Rechtslehre? in: Demokratie und Rechtsstaat, FS für Zaccharia Giacometti, Zürich 1953, S. 143 bis 161.

System im Sinne der Systemtheorie ist die *Differenz* von System und Umwelt.[12]

Soziale Systeme – wie Wissenschaft und das Recht – sind operativ geschlossene, selbstreferentielle Prozesse; allesamt autopoietische *Kommunikations*systeme.[13]

---

[12] Ein System nimmt *sich selbst* aus der Umwelt aus. Vgl. N. Luhmann, Soziale Systeme, Suhrkamp, Frankfurt am Main 1984; G. Teubner, Recht als autopoietisches System, Suhrkamp, Frankfurt am Main 1989.

Als *Welt* hat N. Luhmann, Erkenntnis als Konstruktion, Benteli, Bern 1988, die Einheit der Differenz von System und Umwelt bezeichnet, als *Realität* die Einheit der Differenz von Erkenntnis und Gegenstand, von *Sinn* war bei ihm die Rede, um die Einheit der Differenz von Aktualität und Possibilität (Aktualisierung und Virtualisierung) zu bezeichnen.

Zur rechtstheoretischen Einführung ins Systemdenken: Th. Vesting, Rechtstheorie, C.H. Beck, München 2007, §§ 3 f.

[13] Möglich bleibt ein *re-entry* der Unterscheidung ins Unterschiedene; das System ist nicht *ab*geschlossen. Vgl. N. Luhmann, Autopoiesis als soziologischer Begriff, in: Aufsätze und Reden, hrsg. von O. Jahraus, Reclam, Stuttgart 2011, S. 137 bis 158.

Das Kommunikationssystem erarbeite sich *eigenes* Miss-/Verstehen und schaffe dazu Prozesse der Selbstbeobachtung und Selbstkontrolle, wobei es weder Information noch Mitteilung oder Verstehen außerhalb der Kommunikation gebe; im Verstehen erfasse *sie* einen Unterschied zwischen dem Informationswert ihres Inhalts und Gründen, aus denen der Inhalt mitgeteilt wird. Vgl. N. Luhmann, Was ist Kommunikation? in: Soziologische Aufklärung 6, Westdeutscher Verlag, Opladen 1995, S. 113 bis 124.

Jegliches Bemühen um Kenntnis des Rechts findet nach Luhmann, Das Recht der Gesellschaft, S. 496, *in* der Gesellschaft statt, sei daher an *Kommunikation*, sohin auch an Sprache gebunden, was historische Bedingtheit rechtstheoretischer Kommunikation insofern impliziere, als diese sich unter jeweils gegebenen sozialen Bedingungen verständlich machen können müsse. Das Rechtssystem vollziehe mit jeder eigenen Operation auch Gesellschaft, indem es Kommunikation erneuere und gegen alles andere abgrenze (S. 554). Das ruft die Rechtslehre mit der *historischen* Interpretation von Rechtstexten in Erinnerung; R. Walter, Rechtstheorie und Erkenntnislehre gegen Reine Rechtslehre? Manz, Wien 1990, S. 41, hielt *diese* vom Standpunkt Kelsens für grundsätzlich naheliegend.

Nach Luhmann bestimmt Recht *als* soziales System *selbst*, *was* zum Recht gehört und was nicht – zu klären ist, *wie* dies (einheitlich) geschieht.[14]

Wenn Kelsen von der *Reinheit* der Rechtslehre sprach, dann betrachtete er das Recht *nicht* als soziales System, sondern als Normen*ordnung*, welche es ausschließlich rechtsdogmatisch zu *erkennen* gilt.[15]

---

[14] N. Luhmann, Das Recht der Gesellschaft, 7. Auflage bei Suhrkamp, Frankfurt am Main 2018, S. 15, 20, 26 – Systemtheoretische Analyse erfordere, dass die Erklärung aus einem *Prinzip* (Gerechtigkeit, Gewalt, Nutzenkalkül) durch jene aus einer *Unterscheidung* ersetzt werde: die Unterscheidung zwischen System und Umwelt.

[15] Vgl. Merkl, Hans Kelsens System einer reinen Rechtstheorie, Archiv des öffentlichen Rechts 1921, S. 171 bis 201.

Der Reinheit im Sinne der Selbstbeschränkung auf die Beschreibung des positiven Rechts und seiner Strukturen wird eine ideologiekritische Funktion zugesprochen; sie enthülle die soziale *Realität*. Vgl. Jabloner, Ideologiekritik bei Kelsen, in: Walter (Hrsg.), Schwerpunkte der Reinen Rechtslehre, Manz, Wien 1992, S. 97 bis 106.

A. Verdross, Die Rechtstheorie Hans Kelsen's, Juristische Blätter, 59. Jahrgang, 1930, Heft 20, S. 421 bis 423, hat bemerkt, dass Kelsen, indem er das Recht nicht nur als eine wirksame Ordnung, sondern auch als in *objektiver* Sollgeltung stehend betrachtet habe, *damit* schon eine wertende Betrachtungsweise eingeführt habe, die nur aufgrund einer bestimmten Werteinstellung möglich sei, nämlich jener, für welche die Rechtssicherheit den *höchsten* (Rechts-)Wert bilde.

2.

Da die *Lehre* das Recht von jedem erdenklichen Gesichtspunkt aus betrachtet, wies Kantorowicz die Merkmale der Positivität, der Erzwingbarkeit, der Staatlichkeit und der Verbindlichkeit als unbrauchbar zurück.[16]

Das Recht könne nicht auf die *bindenden*, auf die *geltenden*, mithin auf jene Regeln beschränkt werden, die *in Kraft* stehen: gerichtsfähig *sind*.[17] Wenn wir *un*eingeschränkt „Recht" *sagen*, so *meinen* wir aber nur das geltende Recht (Sprachgebrauch).

---

[16] H. Kantorowicz, Der Begriff des Rechts, S. 30, war der Meinung, diese gebräuchlichen Begriffsmerkmale würden uns daran *hindern*, das richterliche Verfahren, die Natur juristischer Methoden und die sozialen Funktionen des Rechts zu verstehen.

[17] H. Kantorowicz, Der Begriff des Rechts, S. 30, 32. Man denke z. B. an Gesetzeswerke, die erst *künftiges* Recht zu sein bestimmt sind oder früher anwendbar waren, aber *außer Kraft* getreten sind. Kantorowicz hat vorgeschlagen, den Ausdruck *Rechts*regel nur für solche Regeln zu verwenden, welche als geeignet angesehen werden, von richterlichen Organen angewendet zu werden; die Beurteilung der Eignung müsse sich nach jenen Menschen richten, die die jeweiligen Regeln tatsächlich *anwenden* oder ihre Anwendung *wünschen* (S. 84).

Der Unterschied zwischen *geltendem* und sonstigem Recht wird in der Rechts*praxis* aber nicht davon abhängig *gemacht*, ob die Regel für geeignet *erachtet* wird, sondern davon, ob sie gerichtsfähig *ist*, weil eine akzeptierte *andere* Regel (rule of recognition i. S. v. Hart) besagt, *dass* sie richterlich anzuwenden ist (Regelanschlussfähigkeit).

Ein verbindlicher Charakter, gleich welcher Art oder Intensität, ist nach Kantorowicz *jeder* Regel eigentümlich, nicht bloß der Rechtsregel (S. 32 f. und 34). Falls mit Geltung oder Gültigkeit nur die gerichtliche Durchsetzbarkeit gemeint sei, als besondere Art der Verbindlichkeit, so wäre diese Eigenschaft nur *eine* Seinsweise des Rechts – die Existenz eines Gegenstandes gehöre, anders als die *Möglichkeit* seiner Existenz, nicht zum Begriff desselben.

Wenn, weil und soweit Recht aus Kommunikationen (und Strukturablagerungen von Kommunikationen, die eine solche Sinngebung mitführen,) besteht, hat es *aus eigener Kraft* keine Bindungswirkung – es gilt, sofern es mit dem Geltungssymbol als geltend bezeichnet wird.[18]

Insofern es *ist*, ist es geltendes Recht – Geltung ist keine Norm, denn Recht *soll* nicht gelten, entweder gilt es oder nicht; Geltung bewirkt Anschlussfähigkeit im System.[19]

---

[18] N. Luhmann, Das Recht der Gesellschaft, S. 32 f.

[19] N. Luhmann, Das Recht der Gesellschaft, S. 103 ff. Die Nichtgeltung diene als Reflexionswert nur zur Klärung der Geltungsbedingungen. Als Form *markiere* das Geltungssymbol die Differenz von Nichtgeltung und Geltung. Für das *Kreuzen* der Form, den Seitenwechsel, brauch es *Zeit*. Die Umstellung von Hierarchie auf Zeit gestatte es, auf eine *normative* Begründung von Geltung in einer „obersten" Norm zu verzichten, denn eine solche münde in einen infiniten Regress. Die einzige unabdingbare Grundlage sei in der Zeit gelegen; der *Gleich*zeitigkeit aller faktischen Operationen des Gesellschaftssystems und seiner Umwelt. Was aktuell passiere, das geschehe *jetzt*, wobei man nicht *wissen* könne, was alles zur gleichen Zeit geschieht (S. 110). [Geltung wird aktual in Anspruch genommen, doch nicht jede festgestellte Norm *wird gegolten haben.*]

Die Eigenwerte der rekursiven Produktionsweise des Systems seien durch das *Gedächtnis* zusammengehalten; steht Schrift zur Verfügung, so verliere das Systemgedächtnis die Leichtigkeit des Vergessens, auch der Neukonstruktion passender Vergangenheit (S. 119). Zu sehen sei, dass das Rechtssystem auf eine schriftliche Fixierung durch Korrektive reagiere, wie Interpretationsfreiheit oder Rechtsänderungsverfahren; zu *erinnern* sei nur *erwiesenes*, nicht bloß behauptetes Recht, und nur ein *normativer* Aspekt des Rechtsfalles (S. 120 f.). Zu *Medien*theorien des Rechts: G. M. Schlichte und J. Haaf in: S. Buckel/R. Christensen/A. Fischer-Lescano (Hrsg.), Neue Theorien des Rechts, 3. Auflage, Mohr Siebeck, Tübingen 2020, S. 263 bis 281.

Vgl. Verdross, Eine Antinomie der Rechtstheorie, Juristische Blätter, 73. Jahrgang, 1951, Heft 8, S. 169 bis 171.

Für Kelsen ist Geltung die Seinsweise der in der Dogmatik als verbindlich erkennbaren Regeln: diese *nimmt an*, dass man sich so verhalten *soll*, wie der Staat vorschreibt, die Verfassung gebietet – *das* ist es, was er die *Grundnorm* nennt, welche den Rechtsstaat begründet.[20]

---

[20] Die Grundnorm markiert den dogmatischen *Abbruch* des Verfahrens der Rechtsbegründung. Robert Walter, Entstehung und Entwicklung des Gedankens der Grundnorm, in: R. Walter (Hrsg.), Schwerpunkte der Reinen Rechtslehre, Manz, Wien 1992, S. 47 bis 59, hat sie als *Annahme* qualifiziert, die Kelsen zeitweise Hypothesis, vorausgesetzte Norm, transzendental-logische Bedingung, gedachte Norm oder Fiktion im Sinne von H. Vaihinger aufgefasst hat; erkenntnistheoretisch sei sie erforderlich, um das Recht *als verbindlich* beschreiben zu können.

In seinem Beitrag „Entwicklung und Stand der Reinen Rechtslehre" im selben Sammelband erklärte Walter, die Reine Rechtslehre habe die erkenntnistheoretische Fundierung des klassischen Rechtspositivismus geschaffen, weil sie *nicht* die positiven wirksamen Anordnungen der sozialen Autorität als das geltende Recht *behaupte*, sondern diese bloß so betrachte, *als ob* sie geltendes Recht wären, sodass letztendlich die Geltungsfrage dahingestellt bleibe (S. 10 f.).

Das heißt nichts anderes als: Abbruch des Rechtsbegründungsverfahrens, *aber* im Bewusstsein, dass *keine* dogmatische Setzung jemals die Letztbegründung normativer *End*gültigkeit liefert. Vgl. A. Merkl, Die Staatsbürgerpflichten nach katholischer Staatsauffassung, Zeitschrift für öffentliches Recht 1937, S. 1 bis 36.

Die Grundnorm ist gedacht als höchste Norm an der Spitze eines Stufenbaus der Rechts*ordnung*. Die Einheit des Rechts*systems* bedarf keiner hierarchischen Struktur; sie wird operativ reproduziert – von ihr hängt das Gelingen der Kommunikation im Rechtssystem *nicht* ab, s. N. Luhmann, Das Recht der Gesellschaft, S. 73.

Der Unterschied zwischen der juristischen und einer soziologischen Betrachtung liegt nach der Wiener Schule darin, ob eine Grundnorm vorausgesetzt wird oder nicht; ob der *subjektive* Sinn rechtsetzender Akte auch ihr *objektiver* Sinn ist. Vgl. M. Schmidt, Reine Rechtslehre versus Rechtsrealismus, in: Walter, Schwerpunkte, S. 143. M. Potacs, Die Grundnormproblematik, in: S. Griller und H. P. Rill, Rechtstheorie, Springer, Wien 2011, S. 135, bestritt, dass Äußerungen als „objektiv geltend" verstanden werden müssen, um sie als normative Aussagen erkennen und beschreiben zu können.

Als ein solcher ist der Staat ebenso eine Einrichtung *des* Rechts wie eine Instanz politischer Verantwortung *für* Recht.[21] Die Staats- oder Verfassungsgerichtsbarkeit ist die gerichtliche (justizielle) Garantie der Verfassung.[22]

---

[21] N. Luhmann, Das Recht der Gesellschaft, S. 415. Vgl. H. Kelsen, Das Verhältnis von Staat und Recht im Lichte der Erkenntniskritik, Zeitschrift für öffentliches Recht, 2. Band, 1921, S. 453 bis 510. Krit. zum Begriff des Rechtsstaates: A. Merkl, Idee und Gestalt der politischen Freiheit, in: Demokratie und Rechtsstaat, FS für Zaccharia Giacometti, Zürich 1953, S. 163 bis 194.

H. Kelsen sprach insofern vom *Rechtsstaat*, als der Staat nach allen wesentlichen Richtungen juristisch begreifbar sei. Nach diesem Prinzip sei das einzige *rechtlich* relevante Über- und Unterordnungsverhältnis *das* zwischen den Rechtssubjekten und der Rechtsordnung. Der Staat sei als ein Subjekt von Rechten und Pflichten – als Person – dem Recht untergeordnet, daher allen Personen im Verhältnis zur Rechtsordnung koordiniert. Vgl. Kelsen, Rechtsstaat und Staatsrecht, Österreichische Rundschau, 36. Band, 1913, S. 88 bis 94; A. Verdross, Zum Problem der Rechtsunterworfenheit des Gesetzgebers, Juristische Blätter, 45. Jahrgang, 1916, S. 471 bis 473 und 483 bis 486. Vgl. A. Merkl, Die Wandlungen des Rechtsstaatsgedankens, Österr. Verwaltungsblatt, 8. Jahrgang, 1937, S. 174 bis 182.

[22] H. Kelsen, Wesen und Entwicklung der Staatsgerichtsbarkeit, Veröffentlichungen der Vereinigung der Dt. Staatsrechtslehrer 1929, Heft 5, S. 30 bis 88; Kelsen, Wer soll der Hüter der Verfassung sein? Die Justiz, 6. Band, 1931, S. 5 bis 56; A. Merkl, Die Funktion der Verfassung, Forum, XI. Jahrgang, 1964, Heft 132, S. 583 bis 586.

Die Beschränkung des Rechts auf die *erzwingbaren* Regeln übergeht Kantorowicz zufolge sowohl Kanonistik und Legistik als auch Rechtsgeschichte und Völkerrechtslehre.[23]

Das Verfassungsrecht enthalte zwingend Regeln, die *nicht* erzwingbar seien.[24]

---

[23] H. Kantorowicz, Der Begriff des Rechts, S. 31.

[24] H. Kantorowicz, Der Begriff des Rechts, S. 72 f., meinte damit nicht Naturalobligationen und leges imperfectae, die er gleichfalls erwähnte, sondern letzte Regeln, die nicht erzwingbar sein können, weil sie sonst aufhören würden, *letzte* Regeln zu sein; da sie nicht erzwingbar seien, können sie auch keinen Zwang begründen.

Die Durchsetzung einer sog. primären Rechtsregel werde durch die Aussicht auf die Anwendung einer sekundären Rechtsregel *gesichert*, welche Organe der Rechtsgemeinschaft berechtigen oder verpflichten könne, bei Verletzung der primären Regeln *Sanktionen* auszusprechen. Diese sekundären Regeln müssten ihrerseits erzwingbar sein, um als Regeln des Rechts betrachtet werden zu können, und dies würde zur Annahme tertiärer und schließlich von letzten Regeln führen, die nicht mehr erzwingbar sein können – diese seien Regeln, die das Verhalten *oberster* Organe betreffen (z. B. Höchstgerichte, Parlamente usw.).

A. Verdross, Forum der Rechtsphilosophie 1950, S. 9 ff., erblickte die „systematische Verknüpfung von Recht und Moral" darin, dass *jede* Rechtsordnung ein Organ vorsehen *muss*, welchem sie ein bestimmtes Verhalten aufträgt, *ohne* ihm für den Fall des normwidrigen Verhaltens eine Unrechtsfolge anzudrohen; *so* appelliere Recht an das Gewissen eine solchen *Grenz*organs – man denke da etwa an ein Höchstgericht.

Zudem wohne eine Art von Zwang auch außerrechtlichen Sitten inne.[25] Recht sei nicht das, was Behörden anwenden; *sie* seien jene Einrichtungen, die das Recht anwenden *sollen*.[26]

---

[25] H. Kantorowicz, Der Begriff des Rechts, S. 74; der soziale Zwang sei mächtig genug, um die Befolgung des Rechts zu sichern – so auch, um die Befolgung der Sitten und Bräuche zu sichern. Es sei auch unrichtig, dass zumindest *eine* Art des Zwanges: der physische (vis absoluta) den Sitten (durchwegs) fremd (gewesen sei) und nur dem Recht eigen sei.
[26] H. Kantorowicz, Der Begriff des Rechts, S. 72 f. Jeder ungesetzliche Vollzugsakt beweise die Unrichtigkeit der Zwangstheorie. Positivistisch gesehen könne man ergänzend sagen, dass kein anwendbares Recht verbliebe, wenn eine Regel nur dadurch zur Rechtsregel würde, dass man sie anwende, da Gerichte nur positives Recht anwenden dürfen und keine Regel, die erst durch die Anwendung positiv werden würde. Man könne außerdem die das Recht anwendenden *Gerichte* nicht ohne das Recht definieren.

Kantorowicz räumte ein, dass es einen Einwand gebe, der gegen jede Definition erhoben werden könne, die den staatlichen Ursprung oder den Zwang als Merkmal fallen lasse und ihn durch die richterliche Anwendung ersetze (S. 93 ff.). Der Einwand beziehe sich auf Konflikts- oder Zweifelsfälle wie z. B. Regeln des *Sports*, wie sie Schiedsgerichte anwenden, oder Regeln einer *Parallel*gesellschaft, wie sie z. B. sogar ungeachtet römischer Verbote in der Antike eine *kirchliche* Anwendung fanden. Man dürfe das Recht nicht mit einer seiner *Arten* verwechseln. Entscheidend sei für die Allgemeine Rechtslehre allein die Frage, ob es zweckmäßig, *nützlich* für ihre Aufgabe sei, bestimmte *Grenzfälle* nicht als Sitten, sondern *mit* anderen Erscheinungsformen des Rechts *als* Recht anzusehen (S. 97).

Politik benutzt die Macht als Medium, wohingegen ein *Sollen* keinerlei Machtüberlegenheit voraussetzt.[27]

Insofern von der Verfassung des *Staates* die Rede ist, ist in der Systemtheorie die strukturelle Koppelung von Politik und Recht angesprochen.[28]

---

[27] N. Luhmann, Das Recht der Gesellschaft, S. 150 f. Politische Macht artikuliere sich in überlegender, mit Zwang drohender Weisungsgewalt *und* die Befolgung einer kollektiv bindenden Entscheidung, zu der sich politische Tendenzen integriert haben, könne erzwungen werden, doch setze normatives Sollen *keine* (Macht-)Überlegenheit jener voraus, die entsprechende Erwartungen artikulieren. Recht und Macht als Formen der Kommunikation von Erwartungen in Bezug auf das Verhalten von anderen Personen seien *verschieden*. Die Funktion des Rechts bestehe *nicht* darin, kollektiv bindende Entscheidungen effektiv durchzusetzen, sondern *Erwartungssicherheit* zu ermöglichen. *Dazu* sei sicherlich eine gewisse Funktionssynthese von Politik und Recht unerlässlich, jedoch auf Grundlage unterschiedlicher Funktionen (S. 152 f.).

[28] Das Recht ist auch mit anderen sozialen Systemen derart verknüpft, z. B. mit der Wirtschaft (Wirtschaftsverfassung). Für N. Luhmann, Die Politik der Gesellschaft, in 5. Auflage bei Suhrkamp, Frankfurt am Main 2019, S. 390, weist „Staat" die strukturelle Koppelung von politischem System und Rechtssystem aus. Vgl. A. Merkl, Die Rechtseinheit des österreichischen Staates, Eine staatsrechtliche Untersuchung auf Grund der Lehre von der lex posterior, Archiv des öffentlichen Rechts, 37. Band, 1918, S. 56 bis 121.

N. Luhmann, Das Recht der Gesellschaft, S. 440 f., gebraucht den Begriff der „strukturellen Koppelung" als Gegenbegriff zur Koppelung von Operationen durch Operationen und zur Unterscheidung von den Kausalitäten, die nicht an den Grenzen des Systems Halt machen; um hervorzuheben, dass ein System bestimmte Eigenarten seiner Umwelt *dauerhaft voraussetzt*, sich strukturell darauf *verlässt*.

Politik ist für Luhmann das Bereithalten der Kapazität zu kollektiv bindendem Entscheiden, Demokratie das Austauschverhältnis von Regierung und Opposition.[29]

---

[29] N. Luhmann, Die Politik der Gesellschaft, in 5. Auflage bei Suhrkamp, Frankfurt am Main 2019, S. 84 ff. Mit „bindend" ist gemeint, dass die Entscheidung dann *effektiv* als Prämisse für Entscheidungen fungiert, mit „kollektiv" ist System*referenz* gemeint – die Entscheidung schließt auch die Entscheidenden ein; zwar kann sie hernach geändert werden, jedoch nicht willkürlich, sondern im Wege des *etablierten* Verfahrens.

Machüberlegenheit und Machtunterlegenheit seien die Werte des politischen Codes, die Entscheidung über Machteinsatz betreffe immer beide Seiten des Codes: Anordnung *und* Ausführung (S. 88). Mit der demokratischen Zweitcodierung politischer Amtsmacht (Regierung und Opposition) sei sodann die Ausdifferenzierung des politischen Systems vollendet (S. 103 ff.).

Rechtsetzung zwischen Privaten durch Vertrag nahm Luhmann aus dem politischen Bereich aus – Das Recht der Gesellschaft, S. 74. Kelsen betrachtet sie als politische Betätigung, weil er den Politikbegriff weiter fasste. Zur Entschärfung von Machtkonflikten durch Verhandlung von politischen Streitfragen als Rechtsfragen: W. Antoniolli, Hans Kelsen und die österreichische Verfassungsgerichtsbarkeit, in: R. Walter, C. Jabloner und K. Zeleny (Hrsg.), 30 Jahre Hans-Kelsen-Institut, Manz, Wien 2003, S. 73 bis 78 (76).

Das Erfordernis der *positiven* Festlegung aller Rechtsregeln hätte nach Kantorowicz zur Folge, dass Naturrechtslehre keine *Recht*slehre wäre; das Kriterium der Positivität hatte einst wohl lediglich den Sinn, das Recht *frei* von Ideologien zu denken.[30]

---

[30] H. Kantorowicz, Der Begriff des Rechts, S. 31. Aus der Natur, dem *Sein*, könne nicht auf das Recht, ein *Sollen* geschlossen werden, doch sei ein erarbeitetes Naturrechtssystem ein *juristisches* Lehrwerk, Lehre über mögliches Recht – *so* sei es auf eine gewisse Art Freirechtslehre.

Rechtssätze des Naturrechts seien als Sätze des freien Rechts dazu bestimmt, das staatliche Recht zu bewerten, zu ergänzen, fortzubilden oder umzustoßen; die Lehre, dass das Naturrecht allgemeingültig sei, sei eine Rechts*auffassung*, wohingegen Naturrecht als *Recht* historisch und individuell bedingt gewesen sei. Vgl. G. Flavius, Der Kampf um die Rechtswissenschaft, Heidelberg 1906, S. 10 f.

N. Luhmann, Das Recht der Gesellschaft, S. 39, meinte, dass kein *Gegen*begriff zu Positivität bestehe, weil die mittelalterliche Konzeption natürlichen oder göttlichen Rechts aufgegeben worden sei; geblieben sei lediglich eine *Unzufriedenheit* mit den Verhältnissen, die sich nicht zureichend artikulieren könne. Die rechtsbezogenen Kommunikationen setzen Anschlussbedingungen für weitre Operationen und bestätigen oder verändern *so* dafür maßgebende Einschränkungen (Strukturen) – das Rechts- sei wie jedes autopoietische ein historisches System, das von *dem* Zustand ausgehe, in den es sich selbst versetzt habe (S. 49).

Historisch gesehen gibt es für Luhmann keinen *Anfang* des Rechts, sondern „Situationen, in denen es hinreichend plausibel war, davon auszugehen, daß auch schon früher nach Rechtsnormen verfahren worden ist" (S. 57).

Vgl. N. Luhmann, Kontingenz und Recht, hrsg. von J.F.K. Schmidt, Suhrkamp, Berlin 2013, S. 99 ff.

Für die *Reine* Rechtslehre meint *positiv:* durch menschliche Willensakte gesetzt.[31] Positivität wird *auch* mit Abänderbarkeit von Regelungen gleichgesetzt.[32]

Das positive Recht ist *förmliches* Recht, Regelung; *freies* Recht im Sinne von Kantorowicz ist – grob gesagt – die Summe rechts*kritischer* Erwägungen.[33]

---

[31] Rechtsgewohnheit wird dabei als Willensakt von Menschen gedeutet. Vgl. R. Walter, Entwicklung und Stand der Reinen Rechtslehre, in ders., Schwerpunkte der Reinen Rechtslehre, Manz, Wien 1992, S. 13, der als eine schulbildende Absicht festhielt, „eine methodisch exakte, und politisch neutrale („wertfreie") Theorie zur Erfassung des positiven (gesetzten) Rechts vorzulegen" (S. 20). Normen hielt H. Kelsen für den Sinn von Willensakten, ihre Beschreibung für den Sinn von Denkakten; eine individuelle Norm (z. B. richterliches Urteil) könne nicht aus einer generellen Norm (z. B. Gesetz) *gefolgert*; sie müsse *gesetzt* werden. Vgl. H. Kelsen, Recht und Logik, Forum, XII. Jahrgang, Wien 1965, H. 142, S. 421 bis 425 und H. 143, S. 495 bis 500.

[32] N. Luhmann, Das Recht der Gesellschaft, S. 280, sprach vom „Recht, das vom Rechtssystem selbst durch Verfügung über das Symbol der Rechtsgeltung in Geltung gesetzt ist."

[33] Vgl. G. Flavius, Der Kampf um die Rechtswissenschaft, S. 12, 30, 32; durch *bloße* Begriffsjurisprudenz könne kein Recht gewonnen werden. Durch ihre Begriffsjurisprudenz habe die historische Rechtsschule wohl die Metaphysik des Naturrechts überwunden; die rechtsphilosophische Auffassung von der *geschichtlichen* Natur des Rechts stehe fortan fest.

Das „förmliche" Recht fasse insb. Gesetzes- und Gewohnheitsrecht zusammen. Es erweise sich regelmäßig als lückenhaft, zumal es nicht möglich sei, eine *gerechte* Entscheidung für alle Fälle vorauszusehen. Vgl. H. Kantorowicz, Aus der Vorgeschichte der Freirechtslehre, S. 5 ff.

Förmliches Recht (formal law) ist als *gesatztes* Recht (explicit law) ausdrücklich zu Recht gesetzt worden oder es ist durch konkludente Handlungen (significant actions) als Recht erkennbar; in beiden Fällen hat es einen bestimmten *Gestaltungsweg* (Formung und Formulierung) hinter sich und ist in das Rechtssystem integriert, z. B. im Wege eines Gesetzgebungsverfahrens. Das Gewohnheitsrecht wird gebildet durch langen häufigen Gebrauch (inveterate consuetudo), zu dem *opion iuris* hinzukommt, d. h. Überzeugung, dass sich die herausgebildete Regel zur richterlichen Anwendung eignet. – H. Kantorowicz, Legal Science, CLR Bd. 28 Nr. 6 (1928), S. 692 f.

Freie Rechtsfindung ist *angewandte* Rechtsethik, die *dann* entscheidend wird, wenn und weil förmliches Recht sich als unzureichend: lückenhaft oder sozial abträglich erweist.[34]

---

[34] Vgl. G. Flavius, Der Kampf um die Rechtswissenschaft, S. 47, wo die Rede davon ist, dass die freirechtliche Bewegung *einem* Ziele zustrebt, nämlich dem höchsten Ziele alles rechtlichen Geschehens – das ist: die Gerechtigkeit.

Mit Rechtslücken sind insb., aber nicht nur Gesetzeslücken gemeint. H. Kantorowicz, der freies Recht in werdendes (nascent law), z. B. bei Legisvakanz, aber auch als *gute Sitten* u. a. Regeln, auf die gesetzlich verwiesen wird, und begehrtes Recht (desired law), z. B. gerichtliche Leitentscheidungen, Konkretisierung einer Verordnung usw., unterteilt hat, sprach dann von Gesetzeslücken, wenn bei einer Regelung keine zureichende Darstellung ihrer Zwecke in ihrem Wortlaut vorhanden ist. Zwecke sind ihm zufolge nicht bestimmte Regelungsabsichten des sog. Gesetzgebers, sondern jene *Interessen*, die *gesetzlich* geschützt sind: Der Zweck (the purpose) „must be found in the present social effects of the application of the rule in so far as they are desirable: i. e., as they would justify the making of that rule today." – Legal Science, CLR Bd. 28 Nr. 6 (1928), S. 693 ff. (702 f.).

Für Luhmann, Die Politik der Gesellschaft, S. 25 f., ist die *Absicht* ohnedies keine psychische Tatsache, denn psychische Systeme seien intransparent – die (Regelungs-)Absichten seien stets Unterstellungen, Fiktionen, Konstruktionen. Auch *er* hielt fest, dass Gerichte *Interessen* als gleichrangig anzusehen haben, sofern nicht das *Recht selbst* für Konfliktfälle unterschiedliche Bewertungen vorsehe; als Rechts*prinzip* sei die „Interessenabwägung" aufzugeben. – N. Luhmann, Das Recht der Gesellschaft, S. 397.

Die Rechtslücken seien – so Kantorowicz, Some Rationalism about Realism, Yale Law Journal, Bd. 43 (1934), S. 1240 ff. – auszufüllen mit *Recht*, wenn es sich um eine gerichtliche (richterliche) Entscheidung handeln soll; dieses Recht müsse *allgemein* sein, wenn Gleichheit vor dem Gesetz aufrechterhalten werden soll; der lückenfüllende Stoff sei also ein Inbegriff von Anordnungen, welche freies Recht in *dem* Sinne seien, dass sie nicht förmlich niedergelegt (d. h. nicht *geregelt*) seien.

Falls mit Rechtspositivität gemeint ist, dass alles Recht kultürlich sei; dass *dahinter* irgendeine Realität (Macht, Wille, Anerkennung) steht, *dann* war für Kantorowicz klar, dass auch freies Recht *positives* Recht zu nennen sei.[35]

Radbruch fasste die positivistische Lehrrichtung *so* zusammen, dass sie letztendlich Recht mit Macht gleichsetze: Das Gesetz gelte, weil es *Gesetz* sei, und es sei Gesetz, wenn es in der Regel der Fälle die Macht habe, sich durchzusetzen.[36]

---

[35] Vgl. G. Flavius, Der Kampf um die Rechtswissenschaft, S. 12, 20, 34. Die historische Rechtsschule habe uns gelehrt, *alles* Recht, also auch freies Recht, nur wenn es „positiv" ist, als solches anzuerkennen; dass kein Recht von Natur aus bestehe, sondern nur, wenn und soweit eine Macht, ein Wille, eine Anerkennung – eine *Realität* – dahinter bestehe.

H. Kelsen, Was ist Juristischer Positivismus? Juristen-Zeitung, 20. Jahrgang, August 1965, Heft 15/16, S. 465 bis 469, erklärte, dass mit „Positivität" das Recht als eine normative Zwangsordnung gemeint sei, *deren* spezifische Existenz *seine* Geltung sei, sodass es als Sinn von Tatsachen „gegeben" sei; die Geltung des Rechts sei dadurch bedingt, dass es von Menschen förmlich erzeugt und hinreichend wirksam sei.

[36] G. Radbruch, Fünf Minuten Rechtsphilosophie, Rhein-Neckar-Zeitung vom 12.9.1945 auf S. 3, abgedruckt bei R. Dreier und S.L. Paulson als Anhang 2: *Erste* Minute – *nur* wo die Macht sei, da sei auch das Recht; von der Gehorsamspflicht werde keine Ausnahme angenommen, *so* sei man wehrlos gegen willkürliche, grausame, verbrecherische Gesetze.

W. Ott, Die Reine Rechtslehre als rechtspositivistische Theorie, in: R. Walter/C. Jabloner/K. Zeleny (Hrsg.), 30 Jahre Hans-Kelsen-Institut, Manz, Wien 2003, S. 13 bis 30, unterschied drei Hauptgruppen des Rechtspositivismus: den *analytischen*, den *psychologischen* sowie den *soziologischen*; die zwei zuletzt genannten werden als Rechtsrealismus zusammengefasst. Den „institutionalistischen" Rechtspositivismus von N. MacCormick und O. Weinberger bezeichnete er als eine Mischform.

Es *könne* aber Gesetze geben, die *derart* ungerecht seien, dass ihnen die Geltung, ja sogar der Rechtscharakter abgesprochen werden müsse – Rechtsgrundsätze, die stärker als *jede* Satzung, als jede Verordnung seien, nenne man seit alters Naturrecht oder Vernunftrecht.[37]

---

[37] G. Radbruch, Fünf Minuten Rechtsphilosophie, Vierte; Fünfte Minute. Das Naturrecht der Antike habe sich um das Spannungsverhältnis zwischen Natur und Satzung; des Mittelalters zwischen dem göttlichen und dem menschlichen Recht; der Neuzeit zwischen Rechtszwang und Einzelvernunft gedreht, doch sei alle Rechtsphilosophie bis zu Beginn des 19. Jahrhunderts nur Naturrechtslehre gewesen. Vgl. G. Radbruch, Rechtsphilosophie, § 3; *sie* sei durch inhaltlich bestimmte Werturteile gekennzeichnet, die der Quelle (Natur, Offenbarung, Vernunft) wegen allgemeingültig und unwandelbar seien, weshalb sie – da sie erkennbar *und* sobald sie erkannt seien – gesetztem (positivem) Recht *vor*gehen. Radbruch hielt die *Frage* nach natürlichem Recht, *nicht* die möglichen Antworten für allgemeingültig.

N. Luhmann, Grundrechte als Institution, Ein Beitrag zur politischen Soziologie, 6. Auflage, Duncker & Humblot, Berlin 2019, S. 72, 77 und 78, meinte, dass Freiheit und Würde *vor*staatlich seien und dasselbe Rechtsgut schützen: die sich in ihrer Selbstdarstellung konstituierende *Persönlichkeit* – Würde beziehe sich auf *innere* und Freiheit auf *äußere* Bedingungen der Selbstdarstellung als individuelle Persönlichkeit.

Zum Persönlichkeits*recht* nach der Lehre, die dem ABGB zugrunde liegt: H. Pačić, Das strikte Recht: Zivilrecht, Manz, Wien 2019, Rz. 7 ff. Vgl. auch: H. Pačić, Theorie des Rechts, Eine (neue) Skizze des (alten) Naturrechts, in: Gedenkschrift Robert Rebhann, hrsg. von Ch. Kietaibl, R. Mosler und H. Pačić, Manz, Wien 2019, S. 397 bis 412. A. Verdross, Dynamisches Naturrecht, Forum XII/137, Mai 1965, S. 223 bis 225, hat angemerkt, dass *ebendort* keine zeitlose Naturrechtsordnung entfaltet, sondern die Naturrechtsprinzipien menschlicher Freiheit und Gleichheit auf die nach dem Feudalsystem entstandene neue wirtschaftliche und gesellschaftliche Lage des aufstrebenden Bürgertums zur Anwendung gebracht worden seien.

Krit. H. Kelsen, Die philosophischen Grundlagen der Naturrechts-lehre und des Rechtspositivismus, Philosophische Vorträge, publ. von der Kant-Gesellschaft, Pan-Verlag R. Heise, Charlottenburg 1928, Heft 31; H. Kelsen, Die platonische Gerechtigkeit, Kant-Studien, 38. Band, S. 91 bis 117.

Für Kelsen weist das Naturrecht einen materiellen, das positive Recht indes einen formellen Geltungsgrund auf.[38]

---

[38] Das Naturrecht sei „seiner reinen Idee nach" eine statische Ordnung, wohingegen „Positivität" geradezu Rechtsdynamik sei. Vgl. H. Kelsen, Naturrecht und positives Recht, Internationale Zeitschrift für Theorie des Rechts, 2. Jahrgang, 1927/28, S. 71 bis 94.

A. Merkl, Österreichische Zeitschrift für öffentliches Recht, 5. Band, 1953, S. 257 bis 311, erfasste „Einheit und Vielheit des Naturrechtes"; so gebe es angeblich gottgegebenes, aber auch gottloses Naturrecht, etatistisches und nationalistisches Naturrecht, usw. Kelsen erblickte in der natürlichen Rechtslehre den Versuch, Inhalte des positiven Rechts mit der natürlichen Ermächtigung der sozialen Autorität zu legitimieren und autokratisch-aristokratische Staatsformen zu stützen. Vgl. Kelsen, Die Idee des Naturrechtes, Zeitschrift für öffentliches Recht, 7. Band, 1927/28, S. 221 bis 250. Jedenfalls sei Naturrechtslehre *idealistische*, Rechtspositivismus *realistische* Rechtslehre.

Vgl. H. Kelsen, La Doctrina del Derecho Natural y el Positivismo Juridico, Revista Juridica de Buenos Aires, 1961-IV, S. 7 bis 45.

Für Verdross, Dynamisches Naturrecht, Forum XII/137, Mai 1965, S. 223 bis 225, ist die Grundlage des Naturrechts statisch, der konkrete Inhalt aber dynamisch; *vor*gegeben sei dem positiven Recht die *Würde* des Menschen. Die Frage der Geltung führt nach Verdross mit Blick auf die Wirksamkeit einer Rechtsordnung in die Soziologie. Allein die Frage der positivrechtlichen Geltung der *einzelnen* Norm sei ein Problem der Rechtstheorie. Die Frage, ob sie verbindlich sei, sei wertphilosophisch zu klären. Vgl. A. Verdross, Zur Klärung des Rechtsbegriffs, Juristische Blätter 1950, S. 97 bis 99.

ALFRED VERDROSS, Mitbegründer der Wiener Schule, unterschied hingegen zwischen statischem und dynamischem Naturrecht.[39]

Luhmann setzte die „Positivität" von Recht mit seiner operativen Geschlossenheit als soziales System gleich, welches gleichwohl kognitiv offen operiere.[40]

---

[39] Positives Recht habe die Aufgabe, das Naturrecht zu positivieren und zu sanktionieren *und* unveränderliche naturrechtliche Grundsätze, z. B. *den*, dass Friede und Ordnung herrschen soll, auf veränderliche Weise näher zu bestimmen und zu *ergänzen*. Vgl. A. Verdross, Statisches und dynamisches Naturrecht, Rombach, Freiburg 1971; Verdross, Primäres Naturrecht, sekundäres Naturrecht und positives Recht in der christlichen Rechtsphilosophie, Jus et lex, Festschrift für Max Gutzwiller, Basel 1959, S. 447 bis 455. Naturrecht setzt für Kelsen den Glauben an eine gerechte Gottheit voraus, deren Wille der von ihr geschaffenen Natur nicht nur transzendent, sondern auch immanent sei; darum könne die Geltung von Naturrecht vom *wissenschaftlichen* rationalen Standpunkt aus nicht angenommen werden. Vgl. H. Kelsen, Die Grundlagen der Naturrechtslehre, Österr. Zeitschrift für öffentliches Recht, Band XIII, 1963, Heft 1-2, S. 1 bis 37.

[40] N. Luhmann, Das Recht der Gesellschaft, Kapitel 2 (S. 38 ff.). Recht habe seine *Realität* nur in den Operationen, die rechtsspezifischen Sinn produzieren und reproduzieren; diese seien immer *eigene* Operationen des Rechtssystems (S. 41). Operative Geschlossenheit ist keineswegs kausale Abgeschlossenheit (Isolation); sie besagt nur, dass das System eigene Operationen „im Rückgriff und im Vorgriff auf andere eigene Operationen erzeugt und nur auf diese Weise bestimmen kann, was zum System gehört und was zur Umwelt" (S. 44).

Elemente und Strukturen des (Rechts-)Systems gebe es nur, wenn und solange es seine Autopoiesis aufrechterhalten könne – gehe man von selbstproduzierten Operationen aus, „dann folgt daraus, daß alles, was geschieht, in der Gegenwart geschieht. Das heißt auch: daß alles, was geschieht, gleichzeitig geschieht." (S. 45); die Vergangenheit und die Zukunft seien Zeithorizonte jeweils gegenwärtiger Operationen, die als solche nur in der Gegenwart unterschieden werden können. Daran anknüpfend führte er aus, dass Strukturen *nur* dadurch, dass sie zur Verknüpfung kommunikativer Ereignisse; Normen nur, indem sie zitiert werden; und Erwartungen dadurch, dass sie in Kommunikationen *zum Ausdruck* kommen, Realitätswert haben (S. 46).

Das Fallrecht sowie das Gewohnheitsrecht *als* Juristenrecht und das Kirchenrecht belegen für Kantorowicz, dass *staatliche* Regeln nicht das ganze Recht ausmachen.[41] Rechtspflege sei dennoch *hauptsächlich* eine Staatstätigkeit.[42]

Staat gilt ihm als ein Träger von rechtlich unentziehbaren Rechten zur Ausübung von Herrschaft (Amtsgewalt) über die Bevölkerung auf seinem Hoheitsgebiet.[43]

---

[41] H. Kantorowicz, Der Begriff des Rechts, S. 31 f. Der Staat schaffe nicht nur Recht, sondern könne auch gesellschaftliche Gepflogenheiten hervorbringen (S. 71).

[42] G. Flavius, Der Kampf um die Rechtswissenschaft, S. 41.

[43] H. Kantorowicz, Staatsauffassungen, S. 105 ff., und: The Concept 33ft he State, Economica 35 (1932), S. 1 bis 21, betrachtete den Staat als *Gebietskörperschaft*: Staat sei ein Träger von Herrschaftsrechten über ein Gebiet und dessen Bewohner. Er sei *souverän*, wenn er nicht Gegenstand der Herrschaftsrechte anderer Gebietskörperschaften sei. Vom Merkmal der Souveränität hielt er den Staatsbegriff frei, um den Bundesstaat nicht begrifflich auszuschließen. Um den Staat aber von bloßen Selbstverwaltungskörpern zu unterscheiden, hielt er es für nötig, für Staaten zumindest einen Rest von *rechtlicher Unentziehbarkeit* von Herrschaftsrechten zu fordern.

Diese Betrachtungsweise sei staatsrechtlich-konstruktiv; empirisch sei anders zu urteilen: Der Träger von Herrschaftsrechten (als Subjekt und seine Organe, Organwalter) werden zu einem *Stab* von Menschen, die für die *Erzwingung* jenes Rechts zur Verfügung stehen, welches zur *Chance* (Wahrscheinlichkeit) wird, dass die Bestimmungen des Stabes tatsächlich als legitim angesehen und befolgt werden; und die besagte rechtliche Unentziehbarkeit wird zur Wahrscheinlichkeit, dass niemand ein Recht auf Entziehung der Herrschaft in Anspruch nehmen wird. In dem Maße, in dem dies der Fall sei, liege die *soziale* Beziehung „Staat" vor. Den Machtverschiebungen im Staate können, müssen aber keine Rechtsveränderungen entsprechen; dies wäre *nicht* verständlich, wenn das Recht von irgendetwas der Überbau wäre, meinte Kantorowicz in Anspielung an die *marxistische* Rechtstheorie.

Die marxistische Lehre vom Absterben des Rechts – im Staate des Übergangs werde ein proletarisches Klassenrecht, am Ende eine bloße Administration von Sachen in einer klassenlosen Gesellschaft greifen, deutet G. Radbruch, Rechtsphilosophie, § 11, so, dass auch ein solches Gemeinwesen ein *Recht*sstaat wäre, der aber statt von ausgleichender,

Für Radbruch wird der Staat an *sein* Recht gebunden durch natürliches Recht, das (form-/staats-)freies Recht ist.[44]

---

privatrechtlicher Gerechtigkeit von öffentlich-rechtlicher, austeilender Gerechtigkeit beherrscht würde.

Die Begriffe „privates" und „öffentliches Recht" waren für Radbruch *apriorische* Rechtsbegriffe; nur in dem Sinne, dass für *jeden* einzelnen Rechtssatz sinnvoll gefragt werden kann, ob er dem privaten oder dem öffentlichen Recht angehört (§ 16). Wenn die Gerechtigkeit austeilend oder ausgleichend sein könne, dann weise *sie* auf ihre Substrate hin, auf das private und auf das öffentliche Recht. Ihr Verhältnis bei Wert- und Rangfragen sei dem Wandel der Geschichte und weltanschaulicher Wertung unterworfen.

[44] G. Radbruch, Rechtsphilosophie, § 26: *Rein* juristisch – im Sinne der Rechts*dogmatik* – pflichtete Radbruch zunächst Hans Kelsen bei, dass Recht und Staat identisch seien, doch entspreche die Rechtsidee nicht der Staatsidee als *Rechtssicherheit*. Der Rechtssicherheitsgedanke, der den Staat zur Gesetzgebung berufe, verlange auch *seine* Bindung an Gesetze. Recht sei nur, was den Sinn habe, Gerechtigkeit zu sein; mit der Gerechtigkeit sei *Gleichheit* gesetzt. Eine staatliche Anordnung, die für *einzelne* Menschen oder *einzelne* Fällen *als solche* gelten will, sei nicht Recht, sondern *Willkür*.

Vgl. H. Kelsen, Staat und Recht, Zum Problem der soziologischen oder juristischen Erkenntnis des Staates, Kölner Vierteljahresschrift für Soziologie, Reihe A: Soziologische Hefte, 2. Jahrgang, 1922, S. 18 bis 37; H. Kelsen, Der Staatsbegriff und die Psychoanalyse, Almanach für das Jahr 1927, Internationaler Psychoanalytischer Verlag, Wien 1927, S. 135 bis 141; H. Kelsen, Gott und Staat, Logos, 11. Band, 1922/23, S. 261 bis 284 – Staatslehre *ohne* Staat.

Kelsen zufolge sind Recht und Staat *identisch*;[45]

das Recht sei das von und für Menschen gesetzte, grosso modo wirksame und gesellschaftlich organisierte Zwangsakte statuierende Regelungssystem – Zusammenhang von Normen, die für unerwünschtes Verhalten die Setzung gesellschaftlich organisierter Zwangsakte anordnen.[46]

---

[45] Die Reine Rechtslehre wollte niemals mehr sein als eine Theorie der Rechts*dogmatik*, und ob der Selbsteinschränkung ihres Gesichtsfeldes *muss* sie den Staat als normatives Gebilde sehen; sie *kann* Recht und Staat nicht auseinanderhalten, denn sie *sieht* eben keinen Unterschied.

Vgl. R. Walter, Hans Kelsens Rechtslehre (Vortrag, 16. Juli 1998), Nomos, Baden-Baden 1999; Rudolf Thienel, Recht und Staat aus der Sicht der Reinen Rechtslehre, in: R. Walter (Hrsg.), Schwerpunkte der Reinen Rechtslehre, Manz, Wien 1992, S. 71 bis 86, der erläutert, wie und warum der Staat als *Personifikation* der Rechtsordnung erscheint – Staatsvolk, -gebiet und -gewalt seien Aspekte des Geltungsbereichs des Rechts, und Legislative, Judikative und Exekutive seien keineswegs als Staatsgewalten, sondern nur als Staatsfunktionen zu verstehen. Im selben Sammelband beleuchtet R. Thienel den Bundesstaatsbegriff der Reinen Rechtslehre (S. 121 ff.): „Bundestaat ist ein Staat im Sinne des Völkerrechts, dessen Verfassung eine Aufteilung der Staatsfunktionen auf einen das [...] Staatsgebiet umfassenden ‚Oberstaat' und mehrere [...] Gliedstaaten vorsieht, wobei den Gliedern die Befugnis zu einer relativ selbstständigen Gesetzgebung sowie eine gewisse Verfassungs-autonomie eingeräumt ist", sodass es *mit* der Gesamtverfassung „drei Rechtskreise gibt" (S. 135).

[46] H. Kelsen, Reine Rechtslehre, 2. Auflage: 1960, Nachdruck im Verlag Österreich, Wien 2000, S. 31 ff. Die *Grundnorm* der Rechtsordnung sei in der Formel erfasst, dass zwischenmenschlicher Zwang in der Weise und unter den Bedingungen geübt werden solle, wie es die historisch erste Verfassung bestimmt (S. 51). Als politische Organisation sei jeder Staat eine Rechtsordnung, wenngleich nicht jede Rechtsordnung ein Staat sei; nur die einen gewissen Grad von *Zentralisation* aufweisende Rechtsordnung sei ein Staat (S. 289).

G. Kucsko-Stadlmayer, Rechtsnormbegriff und Arten der Rechts-normen, in: R. Walter (Hrsg.), Schwerpunkte der Reinen Rechtslehre, S. 21 bis 36, beschreibt die Rechtsnorm aus Sicht der Wiener Schule entsprechend als *Zwangsnorm*, die in eine Verhaltensnorm und in eine Sanktionsnorm zerlegt werden könne, wobei *gesollt* die Sanktion sei, nicht (auch) das *dadurch* gebotene sanktionsvermeidende Verhalten.

Im Anschluss an R. Walter unterscheidet sie dann Erzeugungsnornen, die die Setzung von Zwangsnormen regeln, und Vollzugsnormen, die die Setzung des Zwangsaktes bei Nichtbefolgung der Verhaltensnorm regeln – diese drei „Idealtypen" spiegelt sich jedoch nicht unbedingt in den „Realtypen". Sie referiert überdies H. Kelsens Unterscheidung von im positiven Sinne *erlaubtem* (per se freistehendem) und im negativen Sinne (infolge der Einschränkung oder Aufhebung eines Verbots oder Gebots frei*gestelltem*) erlaubtem Verhalten, und spricht die *Derogation* an – formelle Aufhebung ihrer Geltung bzw. materielle Einengung oder Schließung des Anwendungsbereichs von Normen durch Normen. Am Ende weist sie darauf hin, dass Kelsen die Rechts*sätze* der Rechtslehre als Sinn ihrer Denk-Akte von Rechts*normen* als Sinn von Willensakten der zu ihrer Erzeugung zuständigen Organe auseinanderhielt, denn die Funktion der Rechtserkenntnis sei bloß die *Be*schreibung dessen, was die zuständige Rechtsautorität *vor*schreibt.

Zur Derogation vgl. H. Kelsen, Derogation, in: Klecatsky, Marcic und Schambeck (Hrsg.), Die Wiener rechtstheoretische Schule, Franz Steiner Verlag und Verlag Österreich, Wien 2010, Bd. II, S. 1169 bis 1180.

Zur Norm vgl. H. Kelsen, Der Begriff der Norm, Festschrift für Hans Carl Nipperdey, C.H. Beck, Berlin und München 1965, S. 57 bis 70.

Eine Rechtsnorm als Sinn eines einzelnen oder gemeinschaftlichen Willensaktes zu bezeichnen, legt noch keineswegs darauf *fest*, dass es der Rechts*interpretation* darum geht, einen *wahren* Willen zu erfassen. Vermehrt wird nicht länger von einem Willensakt, sondern: *Sprechakt* gesprochen, und davon, dass der *sprachliche* Sinn nach semantischen *und* pragmatischen Kriterien zu erfassen sei: M. Potacs, Rechtstehorie, facultas, Wien 2015. Vgl. z. B. C. Jabloner, Der Rechtsbegriff bei Hans Kelsen, in: Griller/Rill, Rechtstheore, Springer, Wien 2011, S. 34 f.

K. Opałek sprach in den: Überlegungen zu H. Kelsens „Allgemeiner Theorie der Normen", Manz, Wien 1980, von einem *performativen* Akt.

Kelsen beschränkte den Staat zwar auf das Recht, aber nicht dem Inhalt, sondern der *Form* nach; der Staat kann nicht anders als auf dem Wege Rechtens handeln.[47]

---

[47] Vgl. A. Merkl, Zum 80. Geburtstag Hans Kelsens: Reine Rechtslehre und Moralordnung, Österr. Zeitschrift für öffentliches Recht (1961) Bd. XI, H. 3-4, S. 20 ff. H. Kelsen legte dar, dass ein *Staatsakt* nur gegeben ist, sofern ein *Rechtsakt* dazu die Handhabe bietet. Vgl. Kelsen, Über Staatsunrecht, Grünhutsche Zeitschrift für das Privat- und öffentliche Recht der Gegenwart, Verlag Alfred Hölder, Wien 1914, S. 40. Band, S. 1 bis 114.

Als „Fehlerkalkül" bezeichnete Merkl eine rechtliche Anordnung, die es ermöglicht, dem Staat rechtswidrige Akte zuzurechnen. Verbreitet, typisch sei in diesem Sinne das *Rechtsmittel*, das der Rechtskontrolle diene: Was eigentlich *nichtig* – inexistent – wäre, wird nachträglich als bloß vernichtbar (anfechtbar) zur Rechtsfunktion oder zum Staatsakt, um *ersetzt* zu werden. Vgl. A. Merkl, Justizirrtum und Rechtswahrheit, Zeitschrift für Strafrechtswissenschaften, 45. Band, 1925, Heft 2, S. 452 bis 465; Merkl, Das doppelte Rechtsantlitz, Juristische Blätter, 47. Jahrgang, 1918, S. 425 bis 427, 444 bis 447 und 463 bis 465.

Vgl. H. Kelsen, Das Wesen des Staates, Internationale Zeitschrift für Theorie des Rechts, 1. Jahrgang, 1926/27, S. 5 bis 17.

Das staatliche Recht ist positiv (förmlich), zwangsbewehrt (durchsetzbar) und wirksam (effektiv).[48]

Die Rechts*kraft* greift sonach der Gerechtigkeit vor, setzt Recht ethischer Kritik aus.[49]

---

[48] Staatlichkeit wird begrifflich gemeinhin mit Herrschaft in Verbindung gebracht, mit Setzung und Durchsetzung, mit Sicherung der Befolgung oder Absicherung durch Zwangsakte. N. Luhmann, Die Politik der Gesellschaft, S. 429, nannte die Herrschaft „Durchsetzungsfähigkeit eines Willens".

Kelsen war der Ansicht, dass Effektivität Bedingung sowohl für die Geltung der Rechtsordnung als auch *jeder einzelnen* Rechtsnorm sei, doch wird das in der Wiener Schule kaum mehr vertreten, weil es nicht notwendig sei, um Normen als solche des Rechts *kenntlich* zu machen. Vgl. Schmidt, Reine Rechtslehre versus Rechtsrealismus, in: Walter (Hrsg.), Schwerpunkte, S. 137 bis 154 (143). *So* entgeht sie auch der von Kantorowicz geäußerten Kritik am Erfordernis der Erzwingbarkeit.

[49] Vgl. J. Derrida, Gesetzeskraft, Der „mystische Grund der Autorität", aus dem Französischen übersetzt von A. G. Düttmann, Suhrkamp, 8. Auflage, Frankfurt am Main 2017; A. Merkl, Die Unveränderlichkeit von Gesetzen – ein normlogisches Prinzip, Juristische Blätter, 46. Jahrgang, 1917, S. 97 f. und 109 bis 111; A. Merkl, Das Recht im Spiegel seiner Auslegung, Deutsche Richterzeitung, Hannover 1917, 9. Jahrgang, H. 7/8, S. 3 bis 42.

3.

Hermann Kantorowicz definierte Recht als eine Gesamtheit von *Regeln*, nicht als Menge von Tatsachen, denn die Realität des Rechts sei – wie sein Wert – nicht das Recht *selbst*; Recht sei ein Sinngebilde.[50]

---

[50] Vgl. H. Kantorowicz, Legal Science, CLR Bd. 28 Nr. 6 (1928), S. 688; ders., Volksgeist und historische Rechtsschule, Historische Zeitschrift, Bd. 108, H. 2 (1912), S. 295 bis 325.

Der amerikanische *Rechtsrealismus* behauptet, das Recht stelle nur die Gesamtheit von Tatsachen richterlichen Verhaltens dar; die Lehre vom Recht *sage* dieses nur *voraus*. Vgl. K. N. Llewellyn, Some Realism about Realism, Harvard Law Review, Bd. 44 Nr. 8 (1931), S. 1222 bis 1264. Dagegen brachte Kantorowicz vor, dass eine solche Vorhersage auch im *Fall*recht (case law) nur unter der Bedingung von Rechts*regeln* möglich sei; Some Rationalism about Realism, YLJ 43 (1934), S. 1240 bis 1253. Die *Fälle* selbst seien nicht bindend, *sie* stellen nicht Fall*recht* dar; allein die *rationes decidendi* vermögen zu verpflichten. Diese seien aber nicht unbedingt *die* Gründe, die die Gerichte anführen, sondern *Prinzipien* (Regeln), welche der Entscheidung hätten zugrunde gelegt werden müssen, um sie zu rechtfertigen (Standards): Man könne diese nur *teleologisch* konstruieren: verallgemeinern und dem Gesamtrecht, das mehr oder minder eine Ordnung sei, anpassen. Die Ordnung, der sie angepasst werde, sei das Fallrecht, was sich z. B. bei der Berufung auf *stare decisis* bestätige.

Vgl. H. Kelsen, Existentialismus in der Rechtswissenschaft? Archiv für Rechts- und Sozialphilosophie, 43. Bd., 1957, S. 161 bis 186. Zum neueren rechtlichen Empirismus vgl. Vogel und Christensen in: S. Buckel et al. (Hrsg.), Neue Theorien des Rechts, 3. Aufl. (2020), S. 105 ff. Zu den ökonomischen Theorien des Rechts vgl. J. Horst in: Neue Theorien des Rechts, S. 301 bis 320.

H. Kantorowicz, Der Begriff des Rechts, S. 38, bemerkte, dass die h. A. Recht stets als aus Regeln (Normen) bestehend angesehen habe. Das Recht hängt mit Sprache und Handeln zusammen, es *ist* aber kein Sprechakt; vgl. aber D. v. d. Pfordten, Rechtsphilosophie, C.H. Beck, München 2013, S. 17 ff.

Für N. Luhmann, Das Recht der Gesellschaft, S. 156 f., geht es im Recht darum, sich auf normative Erwartungen *als solche* verlassen zu können, nicht als Verhaltensprognosen.

Radbruch sprach zwar vom Recht *als* einer Wirklichkeit, meinte aber ein geistiges *Gebilde*, ein *Kultur*gebilde.[51]

Regeln bilden für Kantorowicz dann *eine Gesamtheit*, wenn sie zusammenhängen; gemeinsame Merkmale aufweisen, die sie in wechselseitige Abhängigkeit bringen, wie: Zugehörigkeit zum privaten oder zum öffentlichen Recht, zu demselben Staat oder zur selben Kodifikation.[52]

---

[51] G. Radbruch, Rechtsphilosophie[3], §§ 4, 5, 15, selbst sprach von einer *psychologischen* Tatsächlichkeit rechtlicher Anordnungen, von denen ein besonderer Wirklichkeitscharakter der Positivität und Normativität ausgesagt werden könne. Nur in *diesem* Sinne erklärte G. Flavius, Der Kampf um die Rechtswissenschaft, S. 34, alles Sollende für Seiendes; *Sollen* sei Wollen. Er erklärte, Sollen wäre *leer*, wenn es losgelöst von Persönlichkeit gedacht würde; Jurisprudenz habe einen *positiven* Stoff des Seins zu bearbeiten, einen psychologischen. Angesprochen ist ein Bedeutungszusammenhang.

Vgl. Kantorowicz, Der Aufbau der Soziologie, in: Hauptprobleme der Soziologie, Erinnerungsgabe für M. Weber I, Duncker & Humblot, Berlin 1923, S. 73 ff., hrsg. von M. Palyi.

H. Kantorowicz, Der Begriff des Rechts, S. 53 f., sprach davon, dass durch Erfüllung von Rechten und Pflichten die entsprechenden Regeln aktualisiert werden, sodass sie *sozial* erfüllt werden im menschlichen Verhalten, *geistig* (psychisch) im Bewusstsein *der* Menschen, in denen sie gegenwärtig seien.

Wenn Radbruch von *Kultur* – Recht sei ein Kulturbegriff – sprach, meinte er eine Gegebenheit, die die Bedeutung, den Sinn hat, Werte zu *verwirklichen* (§ 1). Krit. Kelsen, Die Rechtswissenschaft als Norm- oder als Kulturwissenschaft, Schmollers Jahrbuch für Gesetzgebung, Verwaltung und Volkswirtschaft, 40. Jahrgang, 1916, S. 1181 bis 1239.

[52] H. Kantorowicz, Der Begriff des Rechts, S. 37; keine Lehre habe sich auf *eine* Gesamtheit von Regeln beschränkt, doch habe auch keine *alle* Gesamtheiten zusammen oder ihre Gesamtheit in ihrer (zweifelhaften) Einheit behandelt.

Systemtheoretisch ist die Einheit des Rechts das Faktum seiner Selbstproduktion – Autopoiese.[53]

Die *Regel* besagt; so Kantorowicz – sei es kategorisch oder hypothetisch –, *wie* wir uns verhalten *sollen*.[54]

Wer ein Verhalten für *gesollt* erklärt, erkenne an, dass einer *Person* eine zweifache Pflicht zukomme:

---

[53] N. Luhmann, Das Recht der Gesellschaft, S. 30. Der operative Ansatz kann die Einheit des Rechts nicht als Einheit eines Textes; Konsistenz einer Text- bzw. Regelmenge, sondern nur als soziales System erklären (S. 54). Ausdifferenzierung des operativ geschlossenen Rechtssystems (als Subsystem der Gesellschaft) erfolgt durch rekursive Bezugnahme von *rechtlichen* Operationen auf *rechtliche* Operationen (S. 57).

[54] H. Kantorowicz, Der Begriff des Rechts, S. 38 f. Es geht Kantorowicz hier nicht um Regeln, wie wir sie von der Grammatik her kennen, denn was wir *grammatische* Regeln nennen, seien bloße Gewohnheiten; sei die Rede von der *Pflicht*, diese zu beachten, so gehe es um Ethik oder Ästhetik, sie sei nicht sprachwissenschaftlicher Natur (S. 43). Ebenso verhalte es sich mit vielen kollektiven Gewohnheiten, wie Traditionen oder Mode. Der *Schein* verpflichtenden Charakters ergebe sich daraus, dass *echte* Regeln anerkannt würden, die „sozusagen außerhalb der Klammern" stehen, „innerhalb deren sich die tatsächlichen Muster der Sprachformen oder kollektiven Gewohnheiten" befänden (S. 43 f.).

Gewohnheiten hätten oftmals den Charakter echter verpflichtender Regeln angenommen und Regeln seien oft zu bloßen Gewohnheiten herabgesunken; verwirrend sei es, wenn tatsächliche Gewohnheiten „Sitten" genannt und in die Nähe sozialer und rechtlicher Sitten gerückt würden, denn solche seien echte Regeln (S. 44).

die *primäre* Pflicht, sich derart zu verhalten, wie sie sich womöglich nicht verhalten würde; sowie die *sekundäre* Pflicht, sich für ihr Verhalten zu verantworten.[55]

Keine dieser Pflichten hielt er für anerkennens*wert*, gäbe es keine *grundlegende*, absolute Regel, die außer Streit steht und ihnen aufgrund des eigenen geltenden Sinngehalts abgeleitete Gültigkeit verleiht.[56]

---

[55] H. Kantorowicz, Der Begriff des Rechts, S. 39, sagte, es hätte keinen Sinn, die Kategorie des Sollens auf ein Verhalten anzuwenden, welches unmöglich anders sein könnte als es tatsächlich ist.

Die sekundäre Pflicht der Person besteht für Kantorowicz darin, sich einer *Sanktion* zu unterwerfen, falls sie ihre primäre Pflicht nicht erfüllt; sei diese gesellschaftlicher, rechtlicher, moralischer oder religiöser Art.

[56] H. Kantorowicz, Der Begriff des Rechts, S. 40, sagte zunächst, keine von beiden Pflichten würde anerkannt werden, gäbe es nicht höhere Pflichten, welche die ihnen im Range niederen *rechtfertigen* sowie die Frage befriedigen, *warum* wir uns so und nicht anders verhalten sollen; und derart Gültigkeit verleihen. *Das* setze dann eine grundlegende und absolute Regel voraus, die man nicht in Frage stellen könne, ohne dass *jedwede* Regel hinfällig würde; sie müsse dogmatisch als Glaubensakt akzeptiert werden. Dementsprechend seien die Forderungen, die unser Gewissen an uns stelle, von „irgendeinem *summum bonum*" abhängig, dessen Verwirklichung *anzustreben* wir absolut verpflichtet seien.

Person, Rechtssubjekt, so sagte Radbruch, Rechtsphilosophie, § 17, sei die denknotwendige und allgemeingültige Kategorie juristischer Betrachtung. Niemand sei Person von Natur oder von Geburt, denn *sie* zu sein: *Selbstzweck* sein, das sei Ergebnis eines Personifikations*aktes* der Rechtsordnung. Für N. Luhmann ergibt sich das Subjekt aus einem kommunikativen Zusammenhang; vgl. Soziologische Aufklärung 6: Die Soziologie und der Mensch, 4. Auflage, Springer VS, Wiesbaden 2018, S. 226 ff. „Person" bezeichne eine in der Kommunikation referierbare Einheit – N. Luhmann, Die Politik der Gesellschaft, S. 375.

H. Kelsen, Zur Theorie der juristischen Fiktion, Mit besonderer Berücksichtigung von Vaihingers Philosophie des Als-ob, Annalen der Philosophie, 1. Band, 1919, S. 630 bis 658, sprach von der Person, vom Rechtssubjekt, vom subjektiven Recht als Fiktionen. Es handle sich um *Denkgebilde*, die dazu dienen, die Rechtsordnung als Gegenstand der Rechtslehre gedanklich zu erfassen.

Den Dualismus von Tatsachen und Regeln hielt Kantorowicz für *so* grundsätzlich, dass er nicht erfolgreich bekämpft werden könne.[57] Bei Radbruch spiegelt er sich in der neukantianischen Unterscheidung zwischen Wirklichkeit und Wert.[58]

---

[57] H. Kantorowicz, Der Begriff des Rechts, S. 40 ff. Dieser Dualismus ermögliche scharfe Unterscheidungen zwischen juristischen Systemen und denen rein kausalgesetzlicher Natur sowie den ihr entsprechenden Wissenschaften, z. B. den *technischen* Wissenschaften, aber z. B. auch der theoretischen Nationalökonomie.

Die Unterscheidung zwischen Tatsachen und Regeln reiche aus, um die *Hinfälligkeit* der Rechtsauffassung des dialektischen Materialismus dazutun: Wenn das Recht aus der Wirtschaft deduziert werden könnte, dann könnten Regeln aus Tatsachen abgeleitet werden, jedoch sei dies undenkbar (S. 42).

Der Regelbegriff von H. Kantorowicz ist sehr *weit* und umfasst z. B. Ermessensermächtigungen oder auch Optimierungsgebote, als welche *Prinzipien* oftmals aufgefasst werden. Vgl. YLJ Bd. 43 (1934), S. 1244; S. Griller, Der Rechtsbegriff bei Ronald Dworkin, in: S. Griller/H. P. Rill, Rechtstheorie (2011), S. 57.

[58] G. Radbruch, Rechtsphilosophie³, § 1. Radbruch erklärte im Entwurf eines Nachwortes (Anhang 1), die Methodik seiner Rechtsphilosophie gründe auf zwei Gedanken: *Methodendualismus* (Trennung von Wert und Wirklichkeit) und *Relativismus*.

Kelsen hat Sein und Sollen strikt auseinandergehalten, und Luhmann hielt die *Unterscheidung* von Normen und Fakten im Rechtssystem für entscheidend, weil sie jene von Selbst- und Fremdreferenz im System repräsentiere.[59]

---

[59] Den methodologischen Gegensatz von Soziologie und Jurisprudenz verortete Kelsen in Unterschied zwischen Sein und Sollen. Vgl. Kelsen, Über Grenzen juristischer und soziologischer Methode, in: Die Wiener rechtstheoretische Schule, hrsg. von H. R. Klecatsky, R. Marcic und H. Schambeck, Franz Steiner Verlag sowie Verlag Österreich, Wien 2010, Band I, S. 3 bis 30.

Vgl. N. Luhmann, Das Recht der Gesellschaft, S. 86 ff. Das Recht verweise bisweilen auf rechts*externe* Normen (ethische Kriterien, gute Sitten, lokale Gepflogenheiten usw.) oder auf Wissenskomplexe (Stand der Technik oder der Forschung, usw.), jedoch aus *internen* Gründen; das gelte auch für Rückgriffe auf die externen Anlässe der rechtlichen Normierung, Interessen, Absichten, Motive, usw. Nicht alle Motive der gesetzgebenden Leute seien rechtlich verwertbar. Das System könne Tatsachen nicht als Nichttatsachen behandeln, doch können Tatsachen Normen nicht ändern. Bei kognitiven Operationen nehme das System „in Anspruch, sich rechtskräftig irren zu können und im Anschluß daran selbst zu entscheiden, ob etwas und was zu tun ist, wenn der Irrtum sich herausstellt" (S. 90). Rechtsakte können, *sozusagen,* rechtswidrig sein, *vor* Rechtskraft. Vgl. A. Merkl, Justizirrtum und Rechtswahrheit, Zeitschrift für Strafrechtswissenschaften, 45. Band, 1925, Heft 2, S. 452 ff.; Merkl, Zum Problem der Rechtskraft in Justiz und Verwaltung, Zeitschrift für öffentliches Recht 1919, S. 630 bis 658.

Nach ihrem Geltungsgrund hat Kantorowicz drei *Arten* von Regeln unterschieden, ohne sie gleichbleibend zu bezeichnen. Nennen wir sie hier: Bestimmungen, Normen und Dogmen.[60]

Eine Regel könne einer oder mehr Arten angehören; gehört sie *keiner* Art an, so gebe es keinen *Grund*, sie anzuerkennen.[61]

Angesprochen ist die *rationale* Begründung des Sollens.[62]

Kantorowicz fährt in *seinem* Gedankengang auf folgende Art und Weise fort:

1. Bestimmungen, Befehle (commands, imperatives) seien Regeln, deren Verbindlichkeit wir begründen, indem wir sie auf den *Willen* einer anerkannten, obersten Institution (authority) zurückführen.[63]

---

[60] Vgl. H. Kantorowicz, Der Begriff des Rechts, Anm. 32 auf S. 102 f.

[61] H. Kantorowicz, Der Begriff des Rechts, S. 47. Die möglichen Gründe für ihre Gültigkeit zeigen uns zugleich Gesichtspunkte zur Betrachtung der Regeln an; eine Regel müsse – so sagte Kantorowicz – von *jedem* Gesichtspunkt aus erforscht werden, um vollständig, wissenschaftlich verstanden zu werden.

[62] Vgl. H. Kelsen, Die Selbstbestimmung des Rechts, Universitas, Zeitschrift für Wissenschaft, Kunst und Literatur, 18. Jahrgang, 1963, Heft 10, S. 1087 bis 1095 – das Recht *begründen*, bedeute: den Grund der Geltung des Rechts angeben: die Frage beantworten, warum man den Normen eine Rechtsordnung entsprechen *soll*.

[63] H. Kantorowicz, Der Begriff des Rechts, S. 45, gab die grundlegende Regel für den Befehl mit den Worten wieder: „gehorche der höchsten Obrigkeit"; dies zeigt, dass er ein Sollen nur aus einem Sollen *ableitete*.

Die Regel ist *gehalt*voll nur, weil sie willentlich bestimmt ist.[64]

Aber, bemerkte Radbruch: ein Wollen könne ein *Müssen* hervorbringen, wenn es mit der Macht zu zwingen einhergehe, niemals *Sollen*;

---

[64] Vgl. G. Flavius, Der Kampf um die Rechtswissenschaft, S. 33 f. Die Frage nach dem (absolut) Objektiven im Sollen laufe auf etwas hinaus, das keine Realität habe. Vgl. H. Kantorowicz, Zur Lehre vom richtigen Recht, Dr. Walther Rothschild, Berlin/Leipzig 1909, S. 26. Der Mensch sei nicht nur ein denkendes, sondern auch ein fühlendes und wollendes Wesen (S. 7). Auf dem Gebiet der denkend, also sprachlich erfassbaren Erkenntnis, gebe es *objektive* Richtigkeit, nicht aber im Fühlen, Wollen und damit im Werten und Sollen, da *hier* Individualität gegeben sei (S. 27). Kantorowicz war der Ansicht, dass es Wahrheit gibt *an sich*, aber Werte nur für mich, für dich, für *uns*: nur für geschichtlich gegebene Persönlichkeiten (S. 27). Intersubjektive Richtigkeit ob vergleichbarer Wert*erfahrung* scheint damit vereinbar. Vgl. F. Kutschera, Einführung in die Logik der Normen, Werte und Entscheidungen, K. Alber, Freiburg und München 1973, S. 133 f.

Zur Unterscheidung zwischen Satz-*Sinn* und -*Gehalt* s. H. Pačić, Logik, Ethik, Mystik (2019), S. 23, 26 f.; vgl. die Unterscheidung von Phrastik und Neustik, ergänzt um Tropik, von R.M. Hare, The Language of Morals, Clarendon, Oxford 1963; ders., Meaning and Speech Acts (1970), in: Practical Inferences, University of California Press, Berkeley und Los Angeles 1972, S. 74 bis 93.

G. Radbruch, Rechtsphilosophie, § 15, verwies auf den imperativen Charakter der Rechtssätze, sagte aber, der Imperativ sei die Äußerung eines Wollens, sein objektiver Sinn sei *Sollen*. Den Bedeutungsinhalt eines Willensvorgangs könne man, ohne auf die Tatsächlichkeit seines Gewollt-seins einzugehen, gar nicht anders ausdrücken als mit einem Sollen. Die Rechtslehre betrachte Willenssätze nach ihrem objektiven Sinn, behandle sie also wie Sollens-Sätze, Normen.

Macht beruhe auf williger oder widerwilliger Anerkennung, aber weniger als Funktion des Willens, vielmehr des Gefühls.[65]

Das Wort „Befehl" lässt an persönliche, „Bestimmung" an institutionelle (öffentliche) *An*weisungen denken, die mit Macht *vor*geben, was Recht sei; *so* gilt der Staatswille als *das* Recht.[66]

---

[65] G. Radbruch, Rechtsphilosophie, §§ 5, 10. Ein fremder Wille könne nicht verpflichten, aber auch das Selbst der Selbstverpflichtung sei kein Wollen, keine Wirklichkeit, sondern die sittliche Persönlichkeit, ein rein normatives, ideales und irreales Gebilde – die verpflichtende Norm; *so* verpflichtet nicht das Gewissen, als: Rechts*gefühl*, sondern die *Norm*, die *in ihm* spricht, weshalb verpflichtet *sein* und sich verpflichtet fühlen nicht gleichgesetzt werden können. Vgl. H.L.A. Hart, Der Begriff des Rechts, S. 109.

Der von seiner psychologischen Grundlage losgelöste Sinn eines Wollens sei ein Sollen, der von der Tatsächlichkeit des Befehlsvorgangs sauber herauspräparierte Inhalt des Imperativs sei eine Norm. Für die Rechtslehre sei der Rechtsinhalt mit *methodologischer* Notwendigkeit als etwas Geltendes, Gesolltes, Verpflichtendes zu begreifen. Aber auf dem Weg zum Grund dieser Geltung stoße die *juristische Geltungslehre* notwendigerweise auf die Tatsächlichkeit eines autoritativen Wollens; könne Geltung nur am Geltungsanspruch der Rechtsordnung messen.

Die Reine Rechtslehre spricht von *Als-ob*-Geltung; davon, dass als Verfassung in einem rechtslogischen Sinne anzunehmen sei, man solle sich so verhalten, wie es die (historisch erste Staats-)Verfassung im positivrechtlichen Sinne gebietet. Vgl. H. Kelsen, Reine Rechtslehre, 2. Auflage, S. 196 ff.

[66] G. Radbruch, Rechtsphilosophie, § 10 – in diesem Zusammenhang diskutierte er als Formen einer historisch-soziologischen Geltungslehre die *Machttheorie* und die *Anerkennungstheorie*.

Für J. Austin, The Province of Jurisprudence Determined, J. Murray, London 1832, ist die Rechtsregel ein Befehl: Ausdruck eines Wunsches, der durch die Wahrscheinlichkeit eines Übels sanktioniert (erzwungen) wird; erlassen von einer souveränen Person (Körperschaft) an einzelne oder mehrere Mitglieder der Gemeinschaft, die ihr gewohnheitsmäßig Gehorsam leistet. H.L.A. Hart, The Concept of Law, Oxford University Press, 3. Auflage, hrsg. von P. Craig, mit einer Einleitung von L. Green, Großbritannien 2012, hat dieses machttheoretische Rechtsverständnis mit ausführlicher Begründung als unhaltbar verworfen (Kap. I bis IV).

Das staatliche geht *als* förmliches Recht für Kantorowicz in der Anwendung freiem Recht vor.[67] Radbruch sprach *hier* von Rechts*sicherheit*;

dadurch sei im Übrigen *auch* ein Völkerrecht postuliert.[68]

---

[67] H. Kantorowicz, Legal Science, CLR Bd. 28 Nr. 6 (1928), S. 704, hat rücksichtlich seiner Kriterien für die Wissenschaftlichkeit der Erkenntnis ein Ideal der *Form* des Rechts hinsichtlich „certainty, stability, equality, objectivity, consistency, precision, and authority" umrissen, das in der Rechtslehre als Rechts*wissenschaft* zu beachten sei.

Das Prinzip der Rechtssicherheit führt zum Prinzip der *Legalität*, zur Bindung der Verwaltung und der Gerichtsbarkeit *an das Gesetz*, doch bleiben *kritische* Erwägungen zur Klärung der *Geltung* von staatlichen Bestimmungen und für die Ausrichtung des juristischen Diskurses über ihre *Interpretation* und Konkretisierung beachtlich.

[68] G. Radbruch, Rechtsphilosophie, §§ 9, 10: Die Sicherheit des Rechts fordert Positivität des Rechts, denn das Zusammenleben ist zu *ordnen*; Recht muss Gerechtigkeit *bezwecken*, anstreben, um überhaupt Recht zu sein, doch bestimmt Zweckmäßigkeit und Rechtssicherheit über den *Inhalt* des Rechts *mit*.

Die Frage nach Zweck und Zweckmäßigkeit könne nicht *ein*deutig; lediglich *relativistisch* beantwortet werden, durch Systematisierung der Rechts- und Staatsauffassungen, und damit auch der Parteiideologien. Wenn aber wegen relativistischer Selbstbescheidung nicht fest*gestellt* werden könne, was gerecht sei, dann müsse fest*gesetzt* werden, was rechtens sein soll – von einer Stelle, die das, was sie *fest*setzt, dann auch *durch*zusetzen vermag. Die Rechtssicherheit erfordere *Positivität* (Förmlichkeit, hier im Sinne von Staatlichkeit) des Rechts. *Es* gelte aber nicht, *weil* es, sondern, *wenn* es sich wirksam durchzusetzen vermag, *weil* es nur dann Rechtssicherheit zu gewähren vermag.

Vgl. A. Merkl, Baustile des modernen Staates, Universitas: Zeitschrift für Wissenschaft, Kunst und Literatur, Stuttgart 1946, S. 225 bis 241, wo er staatsgestaltende Weltanschauungen thematisiert hat. Vgl. H. Kelsen, Staatsform und Rechtsform, Zeitschrift für öffentliches Recht, V. Band, 1925/26, S. 73 bis 93.

Für N. Luhmann liegt die Funktion politischer Parteien in der unverbindlichen Vorbereitung kollektiv bindender Entscheidungen; die Entscheidung über die Regierungsbildung oder das Verbleiben in der Opposition nicht ausgenommen – Die Politik der Gesellschaft, S. 266. Die Unbestreitbarkeit der *Wohlfahrt* gründet sich ihm zufolge in ihrem Zukunftsbezug, während die Fragen der Verteilung vorhandene Güter und Chancen betreffen.

Systemtheorie nach Luhmann ermöglicht es, Recht in der *Weltgesellschaft* zu verorten.[69]

[Zurück zu G. Radbruch:]

Im Wesen der rechtlichen *Ordnung* liege es, universal zu sein; der rechtsleere Raum sei rechtlich im negativen Sinne, durch Verneinung der Rechtsfolge geregeltes Tatsachengebiet (§ 28). Die *Rechts*ordnung erhebe im Widerspruch zu *allen* anderen den Anspruch der Einheit des normativen Systems, weshalb das Erfordernis der Rechtssicherheit das Dasein des Völkerrechts über allen staatlichen Ordnungen postuliere. Nationalstaatliche Souveränität sei *inter*nationale Subjekteigenschaft.

[69] Vgl. N. Luhmann, Die Politik der Gesellschaft, S. 220 ff. Politik sei im heutigen weltpolitischen System eine weltgesellschaftlich notwendige Funktion kollektiv bindenden Entscheidens; die Staatlichkeit werde auf organisierte Kommunikationskompetenz reduziert – „Staat" bezeichne die politische Gesamtverantwortung für genau *ab*gegrenzte Regionen.

Vgl. hierzu die von F. Hanschmann und T. Wihl skizzierten Theorien transnationaler Rechtsprozesse, in: Neue Theorien des Rechts, hrsg. von S. Buckel, R. Christensen und A. Fischer-Lescano, Mohr Siebeck, Tübingen 2020, S. 323 bis 340.

Vgl. R. Globokar, Die Weltanschauung der Ehrfurcht vor dem Leben als Grundlage für eine globale Ethik, Synthesis Philosophica 53 (1/2012), S. 31 bis 50; P. Barišić, Ethisches Ideal der Demokratie, Zur Philosophie der demokratischen Erziehung John Deweys, Synthesis Philosophica 49 (1/2010), S. 37 bis 56; J. Lee, Ist die weltbürgerliche Gesellschaft möglich? Grundlegung einer politischen Ethik des Kosmopolitismus, Synthesis Philosophica 47 (1/2009), S. 49 bis 63; S. Radić, Toleranz als Triebkraft von Demokratie und Menschenrechten: Eine Darstellung der Toleranz als Tugend, Zu anthropologischen Grundlagen der Toleranz, Synthesis Philosophica 46 (2/2008), S. 333 bis 350); P. Barišić, Welche Gerechtigkeit bekommt der Demokratie? Synthesis Philosophica 42 (2/2006), S. 431 bis 459.

Alfred Verdross ordnete das Völkerrecht dem staatlichen Recht *über*, um eine Gemeinschaft gleichberechtigter Staaten zu konstruieren.[70] Völkerrecht erwächst als Menschheitsrecht aus Gewohnheit, Verträgen und durchgreifenden Grundsätzen *nach Treu und Glauben.*[71]

---

[70] A. Verdross, Zur Konstruktion des Völkerrechts, Zeitschrift für Völkerrecht, Band VIII, 1914, S. 329 bis 359; A. Verdross, Völkerrecht und einheitliches Rechtssystem, Zeitschrift für Völkerrecht, Band XII, 1923, S. 405 bis 438.

[71] Vgl. A. Verdross, Die gesellschaftswissenschaftlichen Grundlagen der Völkerrechttheorie, Archiv für Rechts- und Wirtschaftsphilosophie, 1924/25, Bd. XVIII, S. 413 bis 431; Verdross, Die sittlichen Grundlagen des modernen Völkerrechts, Das neue Reich, Wochenschrift für Kultur, Politik und Volkswirtschaft, 1930/3, Jahrgang XIII, 1. Halbband, S. 225 bis 227; Verdross, Die allgemeinen Rechtsgrundsätze als Völkerrechtsquellen, in: Gesellschaft, Staat und Recht, FS zum 50. Geburtstag Hans Kelsens, hrsg. von Verdross, Wien 1931, S. 354 bis 365; Verdross, Die *bona fides* als Grundlage des Völkerrechts, Juristische Blätter, 1951, 73. Jahrgang, Heft 23, S. 559 bis 560; Verdross, Die Wertgrundlagen des Völkerrechts, Archiv für Völkerrecht, 1953/54, 4. Band, S. 129 bis 139; Verdross, Zum Problem der völkerrechtlichen Grundnorm, FS für Hans Wehberg zu seinem 70. Geburtstag, 1956, S. 385 bis 394.

Für Luhmann besteht Rechtssicherheit in der Sicherheit, dass die Möglichkeit besteht, eine Angelegenheit *rein rechtlich* zu behandeln und zu entscheiden.[72]

Rechtsgeschichte und Soziologie des Rechts haben es hauptsächlich mit dem tatsächlichen Aspekt des Rechts zu tun; sie fragen bei ihrer Rechts*auslegung*, was jeweils beabsichtigt, bestimmt, befohlen wurde.[73]

---

[72] N. Luhmann, Das Recht der Gesellschaft, S. 194 – Angelegenheiten müssen, falls gewünscht, *nur* nach dem Rechtscode behandelt werden, nicht etwa nach dem Machtcode oder nach vom Recht nicht erfassten Interessen; man könne dabei sogar mit erheblicher Unsicherheit bzgl. der Vorhersehbarkeit von Entscheidung zurechtkommen, solange die Möglichkeit gewährleistet sei, den Rechtsfall *rechtlich* zu entscheiden.

[73] H. Kantorowicz, Der Begriff des Rechts, S. 49 f., führte aus, dass die Rechtsdogmatik als Kern der Rechtswissenschaft das Recht nie *nur* als eine Gesamtheit von Befehlen behandelt habe; sie habe sich immerzu bemüht, Lücken im Recht auszufüllen und Rechtsregeln systematisch zusammenzuschließen.

Die Geschichte der Rechtslehre, so etwa das Werk der italienischen Glossatoren und deutscher Pandektisten, würde unverständlich, wenn Recht nur als Gesamtheit von Befehlen der Machthabenden betrachtet werden könnte.

2. Normen, Vorschriften (norms, precepts) seien Regeln, die wir als *wert*voll anerkennen, weil wir uns zur Verwirklichung höchster Werte verpflichtet fühlen.[74]

Luhmann hat beobachtet, dass die Geltungsgrundlage von Werten in der Kommunikation eine durch kommunikative Benachteiligung des Widerspruchs gehärtete Rekursivität ist; diskutiert wird über Präferenzen.[75]

---

[74] H. Kantorowicz, Der Begriff des Rechts, S. 45 f., sprach von Regeln, deren Inhalt vom Gewissen als derart wertvoll geschätzt wird, dass wir es als unsere Pflicht ansehen, sie zu befolgen. Das *Gewissen* sei ein gefühlsmäßiges Bewusstwerden freiwillig, obzwar vielleicht widerwillig, anerkannter Pflichten, deren Sanktion die Gewissensbisse seien. Alles, was das Gewissen vorschreibe, gründe in der Pflicht, höchste *Werte* zu verwirklichen.

G. Radbruch, Rechtsphilosophie, § 2, hielt *letzte* Sätze des Sollens für nicht beweisbar, axiomatisch, nicht der *Er*kenntnis, lediglich eines *Be*kenntnisses fähig. Wertungen können *verursacht*, doch könne kein Sollen aus dem Sein *begründet* werden.

Nach H. Kelsen bedeutet eine relativistische Wertlehre, dass keine *absoluten* Werte nachweisbar seien, weshalb *die* Werte, welche wir mit normsetzenden Akten konstituieren und Werturteilen zugrunde legen, nicht beanspruchen dürfen, jede *Möglichkeit* entgegengesetzter Werte auszuschließen; s. Kelsen, Recht und Moral, Estudios Juridico-Sociales, Homenaje al Luis y Lacambra, 1960, S. 153 bis 164.

[75] N. Luhman, Was ist Kommunikation? in: Aufsätze und Reden, hrsg. von O, Jahraus, Reclam, Stuttgart 2011, S. 105 f. Wer wertbezogen kommuniziere, nehme eine Art Werte-Bonus in Anspruch, überwälze die Argumentations*last*. Man diskutiere nicht über Werte, sondern über Präferenzen. Stabilität beruhe hier auf einer rekursiven Unterstellung des Unterstellens und einer Erprobung der Semantik dahingehend, ob und inwieweit das funktioniert.

Das Wort „Norm" weist die Rechtsregel als *Maßstab:* Deutungsschema aus, während „Vorschrift" darauf verweist, dass sie moralisch verbürgt ist.[76] Stellen wir auf die *Funktion* der Norm ab, so erfassen wir *sie* als kontrafaktisch stabilisierte Erwartungs*haltung* – sie schützt uns nicht *vor* normwidrigem, sondern *im* Erwarten normgemäßen Verhaltens.[77]

---

[76] G. Radbruch, Rechtsphilosophie, § 5. Nur die Moral könne die *Kraft* des Rechts begründen, zur Rechtschaffenheit anhalten – *verpflichten.* Recht könne Moral *nie* erzwingen, nur ermöglichen, weil die moralische nur eine Tat der *Freiheit* sein könne. *Moral* sei *die* Wirklichkeit, deren Sinn es sei, die Idee des Guten darzustellen (§ 6).

[77] N. Luhmann, Das Recht der Gesellschaft, S. 32, 61, 125. 133 f., 137.
Der Normbegriff beziehe sich auf eine Form faktischen Erwartens, die entweder psychisch oder als gemeinter und verständlicher Sinn von Kommunikation beobachtbar sein müsse. Mit der Normativität werde nur festgelegt, dass bestimmte Erwartungen auch dann festgehalten werden können, wenn sie enttäuscht werden. Die Funktion des Rechts habe es mit Erwartungen zu tun, ohne auf Individuen, sondern auf die Gesellschaft abzustellen – es gehe um die Möglichkeit, Erwartungen zu kommunizieren und in Kommunikation zur Anerkennung zu bringen, sodass die „Erwartung" keinen Bewusstseinszustand meint, „sondern einen Zeitaspekt des Sinnes von Kommunikation".
Zwei Verhaltensmöglichkeiten im Enttäuschungsfall unterscheidend könne man seine Erwartungen in der enttäuschten Hinsicht aufgeben oder sie beibehalten; lege man sich auf eine der beiden Möglichkeiten *vorab* fest, so bestimme man im ersten Fall Erwartungen als *kognitiv,* im anderen als *normativ.* Enttäuschend könne auch handeln, wer nicht bestreite, im Unrecht zu sein, z. B. bei Nichtzahlung wegen Insolvenz.
Obwohl der Normbegriff *nicht* durch etwaige *Sanktions*erwartungen zu definieren sei, gehöre die Aussicht auf Sanktion zum symbolischen Instrumentarium, woran man erkennen könne, *ob* man im Sinne des Rechts erwarte. Es gebe gleichwohl auch normative Erwartungen ohne Rechtsqualität; das Recht könne normatives Erwarten nur *stabilisieren* über eine Selektion von *schutzwürdigen* Erwartungen – im Sinne einer Antwort auf die Frage: Was *darf* erwartet werden?

Recht *kann* unbillig, ungerecht und doch *Recht* sein.[78] Es ist aber Recht nur, wie Radbruch lehrt, *weil* es den Sinn hat, gerecht zu sein; oder mit Luhmann gesagt, *wenn* erwartbar ist, dass normatives Erwarten normativ erwartet wird.[79]

---

[78] Kantorowicz, Der Begriff des Rechts, S. 50, sah es als einen Fehler, das Recht als eine Gesamtheit von Vorschriften der Gerechtigkeit oder der Billigkeit anzusehen, denn *auch* unbilliges oder ungerechtes Recht sei allzeit, wenngleich mehr oder weniger widerwillig, angewendet und studiert worden, da es in Kraft gewesen sei. Der Gegensatz zwischen *strengem* (ius strictum) und *billigem* Recht (Epikie, ius aequum) sei zuweilen im Vordergrund juristischen Interesses gestanden, doch habe es auch längere Epochen *ohne* Untersuchungen über die Gerechtigkeit oder Billigkeit von Rechtsregeln gegeben, überdies seien solche *nicht* zum Alltagsgeschäft in der Juristerei zu zählen.

G. Radbruch, Rechtsphilosophie, § 10, betonte gleichwohl, dass es auch *Schandgesetze* gebe, denen das Gewissen Gehorsam verweigere.

[79] N. Luhmann, Das Recht der Gesellschaft, S. 144. Recht werde also *nicht* bloß mit Macht behauptet und mehr oder weniger durchgesetzt; das Rechtssystem (als Gesamtheit) operiere auf der Sicherheitsbasis der normativen Erwartungen normativer Erwartungen; es sei auf der Reflexivität seiner Operationen ausdifferenziert, und nur derart sei die Inanspruchnahme von Kompetenzen im Rechtsentscheidungssystem sozial einfühlbar und akzeptabel (S. 146 f.).

Luhmann hat das „Problem" der Gerechtigkeit eingegrenzt (S. 218): „Selbstreferenz, aber nicht als Operation, sondern als Beobachtung; nicht auf der Ebene des Codes, sondern auf der Ebene der Programme; und nicht in der Form einer Theorie," sondern einer „Norm". Er stellte sich dann die Frage, wie das Rechtssystem die eigene Einheit in einem normativen Programm zum Ausdruck bringen könne, das *darin überall* anwendbar sei. Die Antwort lautet, dass die Idee der Gerechtigkeit als *Kontingenzformel* des Rechtssystems aufzufassen sei. Eine solche sei ein Schema „der Suche nach Gründen oder Werten, die nur in der Form von Programmen Rechtsgeltung gewinnen können" (S. 223).

Der *richtige* Inhalt des Rechts kann für Radbruch nur aus der Zweckmäßigkeit der Rechtspolitik gewonnen werden.[80] Nach Reiner Rechtslehre fallen *staatliche* Zwecke, öffentliches Interesse und rechtsförmliche Regelung zusammen.[81]

Gerechtigkeit, Zweckmäßigkeit und Rechtssicherheit sah Radbruch als Prinzipien des Rechts, Seiten der Rechtsidee, Dreieinigkeit.[82] Für FRANZ BYDLINSKI umfasst ein wertbezogener Rechtsbegriff *diese* Fundamentalprinzipien (Grundwertungen), das positive Recht als eine (im Großen und Ganzen) wirksame Zwangsordnung und Regeln der juristischen Methodenlehre.[83]

---

[80] G. Radbruch, Rechtsphilosophie, §§ 7 bis 9 und 25. Gerechtigkeit bestimme die Form des Rechts, der Inhalt sei nur mit Blick auf Zwecke greifbar, und doch: Mag auch der Inhalt durch Staatszweckmäßigkeit bestimmt sein, so liege die *Form* des Rechts jenseits der Staatszwecke.

Radbruch nahm Bezug auf die *über*empirische Zweckidee, somit auf absolute Werthaftigkeit, die ihn drei Arten von Werten unterscheiden ließen: Individual-, Kollektiv- und Werkwerte. Die Lehre von den ersten bediene sich zur Erläuterung ihrer Rechts- und Staatsauffassung des Bildes vom *Vertrag* (Gesellschaftsvertrag); jene der zweiten des Bildes vom *Organismus* (die Glieder für das Ganze); die der dritten des Bildes vom *Bauwerk*, das zu erarbeiten Bauleute verbinde. Davon ausgehend seien individualistische von überindividualistischen Parteiideologien zu unterscheiden; nur der Werkkulturgedanke sei eher ein Lebensgefühl, eher eine Bewegung als ein politisches Programm.

D. von der Pfordten, Rechtsphilosophie, C.H. Beck, München 2013, S. 53 bis 59, hat als Ziel von Recht die Vermittlung zwischen möglichen gegenläufigen, widerstreitenden Belangen (Interessen) ausgemacht; dies sei Gerechtigkeit im – gewissermaßen – abgeschwächten Sinne.

[81] Nach A. Merkl, Staatszweck und öffentliches Interesse, Verwaltungsarchiv, 27. Band, 1919, S. 268 bis 282, ist die *rechtliche* Rezeption der Erkenntnisgrund eines Staatsinteresses; Zeichen, dass ein öffentliches Interesse in den Bereich der Staatszwecke eingegangen ist. Allem, was nicht oder noch nicht Rechtsform angenommen habe, hafte staatlicher Unwert an.

[82] G. Radbruch, Rechtsphilosophie, § 9, 13; Antinomien der Rechtsidee.

[83] F. Bydlinski, Juristische Methodenlehre und Rechtsbegriff, 2. Aufl., Nachdruck, Verlag Österreich, Wien 2020, S. 317 ff. Genau genommen kommt das positive Recht als Gegenstand dieser Wertungen nur soweit in Betracht, als es damit nicht in *krassem* Widerspruch steht. Überdies

Kantorowicz sprach von *richtigem* Recht dann, wenn es jemandes Gerechtigkeits*gefühl* entspricht; die Rechtslehre sei damit aber nur insofern befasst, als es kulturbedeutsam sei.[84]

Bei Wertkollisionen fühle sich bald der eine, bald aber der andere Wert größer an; so *verstumme* das Rechtsgefühl.[85]

---

sind methodologische Regeln nicht alles, was aus dem positiven Recht und der Rechtsidee durch Tatsachenfeststellung und Erfahrungssätze an *normativen Größen* abgeleitet werden könne, um ein Problem der Jurisprudenz zu lösen. Es geht ihm um *Kriterien* zur Überwindung der für die Rechtsgewinnung störenden Schwächen des positiven Rechts, die da wären: seine *Vagheit, Mehrdeutigkeit, Widersprüchlichkeit* und *Lückenhaftigkeit.* Die Sanktionierung der Fundamentalprinzipien könne nur durch gesellschaftliche Missbilligung erfolgen – *im* Recht wirken sie als Ermächtigungsprinzipien. Die Maßgeblichkeit und Gleichrangigkeit der drei „Elemente der Rechtsidee" werde dadurch gewahrt, dass bei widersprüchlichen Tendenzen ein *Kompromiss* als Ausgleich zwischen ihnen anzustreben sei. Mit der Gerechtigkeit sei *formale* Gerechtigkeit gemeint. Zweckmäßigkeit erfordere nicht nur klare gesetzgeberische Zwecke, sondern auch eine zu ihrer Erreichung *geeignete* Gestaltung des positiven Rechts. Was die Rechtssicherheit betrifft, hat F. Bydlinski folgende *Teilpostulate* hervorgehoben: Rechtsfrieden, Rechtsklarheit, Rechtsdurchsetzung, Rechtsstabilität und Rechtszugänglichkeit.

[84] H. Kantorowicz, Zur Lehre vom richtigen Recht, Dr. W. Rothschild, Berlin und Leipzig 1909, S. 23. *Richtiges* Recht sei keine Wesens-, nur eine *Wirkung*seinheit. Die Rechtslehre befasse sich mit *jenem* richtigen Recht, welches dem im positiven Recht sich autoritativ ausdrückenden Gerechtigkeitsgefühl entspreche und *deshalb* bei der Ausfüllung *seiner* Lücken und da, wo Gesetze auf richtiges Recht verweisen, vom Gericht ohne Rücksicht auf eigenes Empfinden anzuwenden sei (S. 25).

In diesem Sinne ist für G. Radbruch klar, dass das *gesicherte* Recht auch als ein *unrichtiges* anzuwenden sei. Vgl. Gesetzliches Unrecht und übergesetzliches Recht, SJZ 1 (1946), S. 1 bis 8. Die Rechtssicherheit könne die Geltung unrichtigen Rechts stützen, *aber* es seien auch Fälle denkbar, in denen die *Unrichtigkeit* des Rechtsinhalts – diese bedeutet: seine Ungerechtigkeit oder Unzweckmäßigkeit – *so* schwer wiege, dass der Wert der Rechtssicherheit nicht ins Gewicht fallen *könne* (§ 25). Der möglichen Ungültigkeit gesetzten Rechts entspreche der Gedanke absoluter Nichtigkeit *rechtskräftiger* Urteile wegen bestimmter Fehler.

[85] G. Flavius, Der Kampf um die Rechtswissenschaft, S. 19.

Aufgrund der Rechtssicherheit sagte Radbruch, dass inhaltlich als *unrichtig* empfundene Gesetze anzuwenden sind, doch war er der Meinung, dass sie ihre Geltung verlieren, *wenn sie unerträglich* sind.[86] Sollten sie *so* sozial un*vert*räglich sein, dass ihre Wirksamkeit, wennzwar nicht in jedem Fall, jedenfalls in der Regel *nicht* zu erwarten ist, dann ist davon auszugehen, dass sie für Kantorowicz zwar *Recht*, mangels Effektivität aber nicht *staatliches* Recht blieben – *weil* der *Formvorrang* besagt, dass förmliches dem freien Recht vorgeht, wären die *besagten* Gesetze *nicht anwendbar*.[87]

---

[86] G. Radbruch, Gesetzliches Unrecht und übergesetzliches Recht, SJZ 1 (1946), S. 1 bis 8.

[87] Hier klingen *Arten* des freien Rechts an, die H. Kantorowicz diskutiert hat, vgl. Legal Science, CLR Bd. 28 Nr. 6 (1928) S. 693 ff. Die besagten *unerträglichen* Gesetze wären kein förmliches, sondern *eine* Art freien Rechts, nämlich Wunsch*recht*, das *Wunsch*recht bleibt. Womöglich ist es von *institutionell anerkannten* Machthabern bestimmt worden, *aber sozial* inakzeptabel – es wird von *ihnen* für gerichtfähig *erachtet*, ohne gerichtsfähig zu *sein*. Auch *solche* Gesetze sind *juristische* Regelwerke, nur erweisen sie sich nicht als Recht des *Staates*: als zwangsbewehrt *und* effektiv. Falls ein Gesetz unerträglich ist, *weil* es aufzeigt, dass der Wille *zur* Gerechtigkeit gänzlich fehlt, sprach Radbruch nicht bloß von unrichtigem Recht, sondern lehrte, dass ein solches sich nicht als Recht *begreifen* lasse; dass ihm *definitionsgemäß* jeglicher Rechtscharakter abzusprechen sei. Vgl. SJZ 1 (1946), S. 1 bis 8; auch die Vierte Minute seiner Fünf Minuten Rechtsphilosophie.

Öffentliche Meinung beeinflusst Erwägungen über die Akzeptabilität; Luhmann, Die Politik der Gesellschaft, S. 287, hat sie als *das* umrissen, was sich aus der öffentlichen Kommunikation samt Angebot für weitere Verwendung ergibt.

3. Dogmen (dogmas) erachten wir nach Kantorowicz nur deshalb als verbindlich, weil sie den *logischen* Zusammenhalt *jener* Regeln gewährleisten, die als geltende anerkannt *sind*.[88] Jedes Regelsystem werde *sinn*voll fort*gebildet*, rationalisiert.[89]

---

[88] H. Kantorowicz, Der Begriff des Rechts, S. 46. Dogmen würden nicht *darum* als bindend anerkannt, weil sie Regeln seien, die Befehle einer persönlichen Autorität, der Obrigkeit, oder Vorschriften des Gewissens, sondern weil sie Ableitungen von in ihrer Geltung bereits anerkannten Regeln darstellen. Gemeint ist ein Vorgang gegenseitiger Angleichung, Vervollständigung und Eliminierung, um *die* Gesamtheit von Regeln zu bilden, deren logischer Zusammenhalt ihre Gewähr ist; ein lebendiges System gleichsam organischen Wachstums, das keiner grundlegenden Regel bedarf, um die Gültigkeit der Dogmen zu gewährleisten.

Dogmen bedürfen daher *keiner* Grundnorm im Sinne H. Kelsens; und H.L.A. Harts Erkenntnisregel kann sowohl Bestimmung oder Norm als auch Dogma *sein* oder zwei oder drei Arten von Regeln *enthalten*.

In seinem Beitrag: Legal Science, CLR Bd. 28 Nr. 6 (1928), S. 688, hat Kantorowicz das Recht *nur* als aus Dogmen bestehend betrachtet, *obwohl* er schon damals sagte, dass es ihm bei der Einteilung weniger um die Klassifizierung der Regeln geht, vielmehr um Geltungsgründe, *Gesichtspunkte*. Die verkürzte Betrachtung ist darauf zurückzuführen, dass er Bestimmungen (Befehle) mit dem Sprechakt des Befehlens und Normen mit Werten, deren Träger (support) sie sind, verwechselt hat.

[89] H. Kantorowicz, Der Begriff des Rechts, S. 46 f., betonte, dass der Wert des Inhalts oder die Legitimität des Ursprungs bei Dogmen nicht in Frage gestellt werde, obschon ein Bedürfnis nach der Rechtfertigung des dogmatischen *Entwicklungsganges* bestehe. Scheinbar fühlen wir – so meine Kantorowicz – eine Pflicht, die Regeln, die wir anerkennen, einer Rationalisierung zu unterwerfen und sie *so* von Widersprüchen und Lücken zu befreien; sie in ein zusammenhängendes, vollständiges System zu bringen, um *Gleiches gleich* (gerecht) behandeln zu können.

In seinem Beitrag: Legal Science, CLR Bd. 28 Nr. 6 (1928), S. 687, sprach H. Kantorowicz von Dogmen als „members of a self-contained balanced system".

Jede dogmatische Systembildung erfolgt durch *objektiv* sinnhafte *Inter*pretation.[90] Damit ist die Dogmatik befasst, die nach Kelsen den Entscheidungs*rahmen* absteckt.[91]

---

[90] H. Kantorowicz, Der Begriff des Rechts, S. 48 f., hielt Religion und Recht, Religions- und Rechtswissenschaft, methodologisch betrachtet für eng verwandt. Die Grundlehren des christlichen Glaubens seien das beste Beispiel für Dogmen.

N. Luhmann, Das Recht der Gesellschaft, S. 256, betonte, dass alles schriftlich fixierte zu interpretierendes Recht sei, welches sich über die Selektion, *wer* zur Interpretation berufen sei und *wie* diese zu erfolgen habe, evolutionären Veränderungen der Gesellschaft anpasse.

[91] H. Kelsen, Reine Rechtslehre, 2. Aufl. (Nachdruck 2000), S. 346 ff. Interpretation sei ein geistiges Verfahren, welches das Verfahren der Rechtserzeugung in seinem Fortgang von einer höheren zur niederen Stufe begleite. Die Norm könne den Akt, wodurch sie vollzogen werde, nicht allseits binden, weshalb sie den Charakter eines Rahmens habe. Sofern die Interpretation die Feststellung des Sinnes der Norm sei, die anzuwenden ist, müsse ihr Ergebnis die Erkenntnis der Möglichkeiten sein, die innerhalb dieses Rahmens gegeben seien. Sie müsse nicht zu *einer* richtigen, könne zu mehreren Lösungen führen, die – gemessen an der anzuwendenden Norm – allesamt *gleichwertig* seien, wiewohl nur eine einzige im Akt des richterlichen Urteils positives Recht werde. Vgl. H. Kelsen, Zur Theorie der Interpretation, Internat. Zeitschrift für Theorie des Rechts, 8. Band, 1934, S. 9 bis 17.

H. Kantorowicz, Der Begriff des Rechts, S. 50 f., bemerkte, dass die traditionelle Rechtslehre in Europa und die moderne *Reine* Rechtslehre die Rechtsregeln hauptsächlich als Dogmen betrachten, obwohl dieser Ausdruck selten gebraucht werde, doch greife jede Lehrrichtung der Dogmatik auch auf Vorschriften der Gerechtigkeit und Billigkeit zurück, wenn sie zwischen den (sprachlich) möglichen Auslegungen desselben Gesetzes, verschiedenen Möglichkeiten der Gesetzes*ergänzung* oder gegensätzlichen Möglichkeiten der Fall*entscheidung* zu wählen habe.

Jedwede Auslegung müsse; stellte Kantorowicz klar, so *frei* sie auch sein mag, mit dem Text (Gesetz) *vereinbar* sein; vgl. Rationalistische Bemerkungen über Realismus, in: Rechtswissenschaft und Soziologie (1962), S. 106. R. Alexy, Theorie der juristischen Argumentation, S. 300 f., hat übliche Auslegungsregeln als *Schemata* von Argumenten – Argument*formen* (nicht als Regeln) eingeordnet. Anforderungen an die rechtsstaatliche Begründung weisen sie als *Er*wägungen aus, die sich bewährt haben, weil sie zu akzeptablen Lösungen geleitet. Vgl. Pačić, Logik, Ethik, Mystik (2019), S. 47.

Luhmann sprach vom *Verstehen* als einer Selektion, als der Voraussetzung für den *Anschluss* von Kommunikation; als Bedingung der Autopoiesis sozialer Systeme.[92] Kommunikation sei insofern *riskant*, als das Risiko bleibe, dass die mitgeteilte Information abgelehnt wird.[93]

Kommunikation rechne Operationen auf *Menschen* zu, mit deren Bewusstsein sie strukturell gekoppelt sei.[94]

Für Alexy ist Rechts*dogmatik* ein Gemenge aus den Tätigkeiten der Beschreibung des geltenden Rechts, seiner begrifflich-systematischen Durchdringung und der Erarbeitung von Vorschlägen zur Lösung von problematischen Fällen (S. 307 f.). Die *eigentliche* oder systematische, dogmatische Rechtslehre hat G. Radbruch in seiner Rechtsphilosophie, § 15, definiert als „Wissenschaft vom objektiven Sinn positiver Rechtsordnungen." Ihre Arbeit vollziehe sich in drei Stufen: Interpretation, sodann Konstruktion (als kategoriale sowie teleologische Verarbeitung) und schließlich (Gesamt-)Systematisierung.

Gesetzgeber seien nicht die Gesetzesverfasser, sondern dies sei der *Staat*; der Staat spreche nur *im* Gesetz. Der gesetzgeberische Wille falle zusammen mit dem Willen des Gesetzes und bedeute bloß eine Personifikation des Gesamtinhalts der Gesetzgebung, *sodass* der Wille des Gesetzgebers nicht Auslegungs*mittel*, sondern Auslegungs*ziel* und Auslegungs*ergebnis*, Ausdruck für die apriorische Notwendigkeit einer systematisch-widerspruchslosen Auslegung der Rechtsordnung in ihrer Gesamtheit sei, *weshalb* es möglich sei, als Willen des Gesetzgebers etwas festzustellen, was im bewussten Willen der an der Gesetzgebung Beteiligten nicht vorhanden war.

[92] N. Luhmann, Was ist Kommunikation? in: Soziologische Aufklärung 6, Westdeutscher Verlag, Opladen 1995, S. 113 bis 124.

[93] Vgl. N. Luhmann, Die Unwahrscheinlichkeit der Kommunikation, in: Soziologische Aufklärung 3, S. 25 bis 34.

Vgl. J. Oslić, Verstehen und Nichtverstehen in der praxisbezogenen Hermeneutik Ludwig Wittgensteins, Synthesis Philosophica 64 (2/2017), S. 335 bis 348.

[94] N. Luhmann, Wie ist das Bewußtsein an Kommunikation beteiligt? in: Soziologische Aufklärung 6, S. 37 bis 54: Die Evolution der sozialen *Kommunikation* werde ermöglicht durch ständige operative Koppelung mit Bewusstseinszuständen, was zuerst durch Sprache und dann durch Schrift und Buchdruck erreicht worden sei. Das *Bewusstsein* sei an ihr beteiligt als strukturdeterminiertes System und als Medium.

Rechtsspezifische Operationen erfolgen nach Maßgabe der Unterscheidung von Recht und Unrecht; *des* binären Codes *im* System, der *auf* dieses nicht anwendbar ist.[95]

Der Code ist eine Tautologie: Recht ist nicht Unrecht, Unrecht kein Recht.[96]

Luhmann hat die operative und strukturelle Koppelung, um die hier es geht, als *Interpenetration* bezeichnet. Worte wie „Mensch", „Seele", „Person", „Subjekt", „Individuum" besagen das, was sie in der Kommunikation bewirken. Inneren Prozesse anderer Menschen seien unzugänglich, außer in der Konstruktion eines *Beobachters*; so müsse eine Differenz von Personen (Subjekten) und Objekten konstituiert werden, wofür die Teilnahme an Kommunikation unerlässlich sei.

Psychische Systeme erzeugen kein Recht, sondern beobachten es, weshalb sie nicht Teil des Systems sein können, vgl. N. Luhmann, Das Recht der Gesellschaft, S. 48.

[95] N. Luhmann, Das Recht der Gesellschaft, S. 51. Die binäre Codierung des Rechtssystems sieht Recht (rechtmäßig) als positiven und Unrecht (unrechtmäßig) als negativen Wert vor, und was mit diesem Schema nicht erfasst wird, das gehört zur inner- oder außergesellschaftlichen Umwelt des Rechtssystems (S. 60 f.), denn nur eine codeorientierte Kommunikation „sucht und behauptet eine rekurrente Vernetzung im Rechtssystem" (S. 67).

Man müsse mit Differenz arbeiten, könne jedoch die Frage, ob der Unterschied von Recht und Unrecht selbst zu Recht oder zu Unrecht besteht, weder (selbst) stellen noch (selbst) beantworten, weil sie auf ein *Paradox* hinausliefe (S. 165, 170). Die Einheit eines binär codierten Systems könne nur in der Form einer Paradoxie beschrieben werden; sie werde laufend operativ reproduziert, könne *im* System aber nicht beobachtet werden – dies sei der *blinde Fleck*, der die Operation des Beobachtens überhaupt erst ermöglicht (S. 176).

[96] N. Luhmann, Das Recht der Gesellschaft, S. 188. Selbstanwendung des Codes führt zur Paradoxie, denn die Unterscheidung, *mit* der man beobachtet, kann nicht bezeichnet werden, da sie der Beobachtung als blinder Fleck dient, der sie überhaupt erst ermöglicht. Die Werte Recht und Unrecht sind keine Kriterien zur Feststellung von Rechtmäßigkeit oder Rechtswidrigkeit, *dafür* bedarf es für die Zuordnung dieser Werte geeigneter *Programme* (S. 189 f. und 193).

Radbruch hat das, was *gedacht* (gesagt oder gewollt) wird, als subjektiven Sinn; was aber *gemeint* ist, als objektiven Sinn bezeichnet, als *Ziel;* als das, was hätte gedacht (gesagt, gewollt) werden müssen.[97]

Die Rechtsdogmatik fragt nach Kantorowicz nicht nach dem *Warum,* aber nach dem *Wozu* der Regelung mit Blick auf die Zweckgesamtheit der Rechtsordnung: ihren Kulturwert.[98]

Der Wille des Gesetz*gebers*: Staatswille, sagt Radbruch, falle zusammen mit dem Gesetzeswillen.[99]

---

[97] G. Radbruch, Rechtsphilosophie, § 2 – in Rede steht hier all das, was vom gegebenen Ausgangspunkt nach Maßgabe kausaler und logischer Folgerichtigkeit hätte bedacht, weitergedacht werden müssen. Es gehe nicht bloß darum, Zielgedanken zu registrieren, sondern zu *klären* und *damit* möglicherweise zu korrigieren.

[98] Bei der rechtlichen Beurteilung des *Einzelfalles* gehe das nur, indem er in seiner *typischen* sozialen Bedeutung erfasst wird; H. Kantorowicz, Rechtswissenschaft und Soziologie, Verhandlungen des 1. Deutschen Soziologentages vom 19. Bis 22.10.1910 in Frankfurt am Main, Mohr, Tübingen 1911, S. 275 bis 310.

G. Radbruch, Rechtsphilosophie, § 15, sprach von logischer *Kunst* des Beweisens und Widerlegens *aus* dem Gesetz (der Regelung): dabei sei nach einem dem Gesetzgeber *ansinnbaren* Sinn zu suchen, einem Sinn, der dem Gesetz (Text, der ausgedrückten Regelung) *entnommen* wird, obgleich er *nicht* hineingelegt wurde. Der (subjektive) Sinn, den irgendeine Äußerung haben *sollte,* (weil man wollte, dass sie ihn hat,) sei u. U. nicht der Sinn, den sie *hat,* weil der Sinn in einem unendlichen (objektiven) Sinn*zusammenhang* stehe.

[99] G. Radbruch, Rechtsphilosophie, § 15. H. Kelsens Einwände gegen Normen*logik* sind vor *diesem* Hintergrund zu sehen. Das Gesetz *kann* widersprüchlich sein und ein Gerichtsurteil *folgt* nicht aus dem Gesetz, denn es geht nicht *nur* um Erkenntnis, sondern *auch* um Entscheidung: auf welche Weise Rechtsnormen zu ordnen sind, um Normen*konflikte* aufzulösen, und wie mit *fehler*haften Urteilen umzugehen ist, ist nicht *sprach*logisch *vor*entschieden, sondern eine Anfrage an die *Sach*logik im *juristischen* Denken, das gleichwohl nie sprach*los* ist – Recht *spricht* sich aus. Vgl. Pačić, Logik, Ethik, Mystik: Philosophie und Rechtslehre, BoD, Norderstedt 2019. Zur Reinen Rechtslehre vgl. Schmidt, Kelsens Lehre und die Normenlogik, in: Walter (Hrsg.), Schwerpunkte, Manz, Wien 1992, S. 87 bis 96.

Jegliche Rechtsinterpretation besteht für Radbruch darin, Regelungen als *Versuche* der Verwirklichung der Rechtsidee zu verstehen.[100] Die einzig unerlässliche Methode *hierzu* ist nach Reiner Rechtslehre die sprachlogische Auslegung.[101]

Rechtsgeltung ist von der Warte der Systemtheorie nach Luhmann ein Symbol, das die Einheit des Rechtssystems im Wechsel seiner Operationen erzeugt – Einheit des Systems wahrt und reproduziert, indem es Operationen *verknüpft*.[102]

---

[100] G. Radbruch, Rechtsphilosophie, § 15. Als *Leit*faden der objektiven Sinnermittlung führte er aus: Verstehen sei, eine Kulturerscheinung als Kulturerscheinung, d. h. in ihrer Beziehung auf den entsprechenden Kulturwert, sich zu eigen zu machen. Juristisches Verstehen bedeute, Recht sich zu eigen zu machen als Verwirklichung des Rechtsbegriffs, d. h. als Gegebenheit mit dem Sinn, die Rechtsidee zu verwirklichen; als Versuch, sie zu verwirklichen.

[101] A. Merkl, Zum Interpretationsproblem, Grünhutsche Zeitschrift für das Privat- und öffentliche Recht der Gegenwart, Verlag Alfred Hölder, Wien 1916, 42. Bd., S. 535 bis 556, sprach von *grammatisch-logischer* Interpretation, wobei es um die Sprachregeln und formale Logik geht. Darüber hinaus könne nur die *gesetzliche* Auslegungsregel Methoden mit rechtlicher Kraft ausstatten oder mit rechtlicher Kraft ausschließen.

[102] N. Luhmann, Das Recht der Gesellschaft, S. 98 f. Die operative Symbolbildung sei für das Herstellen von rekursiven Bezügen und für das Finden von Anschlussoperationen unentbehrlich. Geltung symbolisiere nur die Akzeptanz der Kommunikation, also nur ihre Autopoiesis.

Alle Rechtsregeln haben nach Kantorowicz die *eine Funktion* der Anordnung (prescription), denn Recht sei eine Gesamtheit von Regeln, die *Pflichten* auferlegen, im Interesse der *Freiheit* zu Anrechten.[103] Radbruch bestimmte das Recht entsprechend als Inbegriff der generellen Anordnungen für das menschliche Zusammenleben.[104]

---

[103] H. Kantorowicz, Der Begriff des Rechts, S. 51 ff.; typische rechtliche Beziehungen können auf Pflichten zurückgeführt werden, sich einem Anrecht (subjektiven Recht) entsprechend zu verhalten, *oder* aber auf Pflichten, die Ausübung der Rechtsmacht (Rechtsetzungskompetenz), (Durchsetzungs-)Befugnis oder Erlaubnis (Freistellung), etwas zu tun oder zu unterlassen, nicht zu stören (nicht widerrechtlich zu hindern).
Vgl. H. Kelsen, Kausalität und Zurechnung, Österr. Zeitschrift für öffentliches Recht, 6. Band, 1954, S. 125 bis 151; G. N. Schnabel, Das natürliche Privatrecht, Gerold, Wien 1842, Einleitung.
[104] G. Radbruch, Rechtsphilosophie, § 4. Das ergab sich für ihn aus der Rechtsidee. Ein *individueller* Charakter rechtlicher Anordnungen könne nur darauf beruhen, dass ihr *Rechtsgrund* auf diese individuelle Person oder diese individuelle Beziehung zutreffe. Eine rechtliche Anordnung sei *positiver* und *normativer, sozialer* und *genereller* Natur.
Die Positivität und Normativität des Rechts haben zur Folge, dass jeder Rechts*satz* etwas *regeln*: Tatbestand und Rechtsfolge aufweisen müsse; und sie werfen die Frage nach der Rechtsquelle auf – wer das Recht zu setzen ermächtigt sei. Aus dem normativen Charakter ergebe sich zudem, dass die Möglichkeit gegeben sein müsse, der Anordnung gemäß oder ihr zuwider zu handeln: Rechtmäßigkeit, Rechtswidrigkeit. Aus dem sozialen Charakter folge, dass ihr Inhalt sein müsse, Rechtsverhältnisse und als Bestandteile Rechtspflichten und Berechtigungen, subjektive Rechte (Anrechte) zu begründen, was undenkbar sei ohne Rechtsobjekte und Rechtssubjekte. Wegen des Gerechtigkeitsbezugs gehöre es zum Wesen der rechtlichen Anordnung, ihrem Sinne nach auf Gleichheit gerichtet zu sein, Generalisierbarkeit zu beanspruchen.
Im Einklang damit erklärte H. Kantorowicz, Der Begriff des Rechts, S. 52, Rechtspflichten würden dadurch begründet, dass Anordnungen des allgemeinen und abstrakten Rechts des hypothetischen Charakters entkleidet und durch Anwendung auf das konkrete Verhalten einzelner Menschen *individualisiert* werden.

Darin liegt die Allgemeinheit des Gesetzes; *Gleichheit* – als Richten *ohne* Ansehen der Person begründet.[105]

Der Gleichheitssatz spiegelt für Luhmann die Autopoiese des Systems und braucht deshalb keine weiteren Gründe, denn bei *seiner* Anwendung sind alle Fälle gleich – Gleichbehandlung ist für sich selbst Grund genug, Ungleichbehandlung hingegen begründungsbedürftig.[106]

Das Recht hat nach Luhmann die Funktion, das normative Erwarten zu *stabilisieren*; normative Erwartungen zeitstabil zu sichern, sodass erkennbar wird, welche und inwiefern solche einen sozialen Rück*halt* finden.[107]

---

[105] G. Radbruch, Rechtsphilosophie, § 3; H. Kantorowicz, Der Begriff des Rechts, S. 47. Feministische Rechtstheorie weist darauf hin, dass dem Recht die *Perspektive* derjenigen zugrunde liege, die es gestalten; zur Wahrung von Gleichheit bedürfe es perspektivischer Anreicherung. Vgl. S. Elsuni in: Buckel et al. (Hrsg.), Neue Theorien des Rechts, 3. Aufl. (2020), S. 225 bis 241.

Rechtsgeschäftliche Selbstbindung erfolgt *aufgrund* des Gesetzes, das daran bindet; G. Radbruch, Rechtsphilosophie, § 19 (zum Vertrag: der empirische Wille werde *an* einen fingierten Dauerwillen gebunden; insoweit die Verbindlichkeit des Vertrages an den Willen gebunden sei, sei sie es durch Gesetz; Vertragsbindung sei nicht Autonomie, sondern Heteronomie).

[106] N. Luhmann, Das Recht der Gesellschaft, S. 112. Ob *Fälle* als gleich oder ungleich zu behandeln sind, sei nur unter Beachtung systemintern generierter Unterscheidungen zu beantworten (S. 115).

[107] N. Luhmann, Das Recht der Gesellschaft, Kapitel 3 (S. 124 ff.). Die gesellschaftlichen Operationen benötigen Zeit, Kommunikation *binde* Zeit, indem sie festlege, von welchem Systemzustand in weiterer Folge auszugehen sei. Luhmann unterschied dies von der Fixierung von Sinn für wiederholten Gebrauch; erst die Ablagerung einer Semantik für den wiederholten Gebrauch führe zu Zeitbindungen (S. 126 f.). Zeitbindung präjudiziere soziale Parteilichkeit; sollen Erwartungen Enttäuschungen standhalten, so müssen Konflikte vorab entschieden werden, ohne zu wissen, *wer* daran *wie* beteiligt sein wird (S. 129). Der Zukunftsbezug erkläre Recht als ein Gefüge *symbolisch* generalisierter Erwartungen; Symbole stehen hier für die unsichtbare, *un*sichere *Zukunft* (S. 130).

Werden Anrecht und Rechtspflicht erfüllt, sagt Kantorowicz, die Regel werde *aktualisiert*, andernfalls vielleicht *durch*gesetzt (vollstreckt) oder *ersetzt*.[108]

Als *System* wird das Recht über Codereferenz *realisiert*.[109] Während die Codierung die operative Geschlossenheit sichert, wird durch *Programm*ierung festgelegt, *wie* die Werte Unrecht und Recht rechtskräftig *zugeteilt* werden;

woran ersichtlich wird, was rechtsrichtig oder -unrichtig gewesen sein wird (vielleicht).[110]

Es gehe hier konkret „um die Funktion der Stabilisierung normativer Erwartungen durch Regulierung ihrer zeitlichen, sachlichen und sozialen Generalisierung." (S. 131). Von der Funktion sei die *Leistung*, die das Recht für seine *Umwelt* erbringt, zu unterscheiden; die Funktion ergebe sich nur aus dem Bezug auf Gesellschaft als *Einheit* (S. 156 ff. bzgl. Verhaltenssteuerung und Konfliktlösung). Wolle man die Funktion und die Leistung des Rechtssystems beurteilen, so liege es nahe, das Recht als eine Art Immunsystem der Gesellschaft zu sehen (S. 161).

[108] H. Kantorowicz, Der Begriff des Rechts, S. 53 f.

[109] N. Luhmann, Das Recht der Gesellschaft, S. 70. Nur auf der Ebene der Beobachtung zweiter Ordnung (Beobachtung von Beobachtern) sei der Rechtscode (Recht/Unrecht) handhabbar.

[110] N. Luhmann, Das Recht der Gesellschaft, S. 93, dachte an „Regeln, die darüber entscheiden", ungeachtet des Interpretationsspielraums; wie z. B. die Rechtsgesetze oder „andere Entscheidungsprämissen des Rechtssystems" wie „Selbstbindungen durch Präjudizien".

Die Programmierung fülle die Codierung mit Inhalt, ergänze sie (S. 204). Das System könne Kriterien für die Zuteilung ausprobieren und eventuell auswechseln (S. 207). Juristische Argumentation habe einen *Entscheidung*sbezug in Angelegenheiten *anderer* und *müsse* daher an Kommunikation orientiert sein (S. 364 f.) und sie müsse Konsistenz mit geltendem Recht nachweisen (S. 384).

Die Programme – Normen des Rechtssystems sind nach Luhmann keine Zweck-, sondern allein Konditionalprogramme; sie ziehen nach Kelsen einen Rahmen für die Rechtsfindung.[111] Mit H.L.A. HART können wir an dieser Stelle unterscheiden zwischen (primären) Regeln, die zu *befolgen* gedacht sind, und (sekundären) Regeln *über* Regeln (Rechts*anwendungs*regeln): Erkenntnis-, Änderungs- und Entscheidungsregeln *im* Recht.[112]

---

[111] N. Luhmann, Das Recht der Gesellschaft, S. 195 ff. Sie instruieren die laufende Verknüpfung von Selbst- und Fremdreferenz; statuieren Bedingungen für die Zuordnung. Die Konditionalprogramme referieren auf vergangene, gegenwärtig feststellbare Tatsachen, auch wenn sie offenlassen, ob von ihnen Gebrauch gemacht wird – Erlaubnisnormen legen fest, dass ein Verhalten in Abhängigkeit davon rechtmäßig oder nicht sein werde, dass von dieser Erlaubnis Gebrauch gemacht worden sein werde. „Echte" Zweckprogramme in dem Sinne, dass die Zukunft über Recht oder Unrecht entscheide, gebe es im Recht nicht, denn das Gericht stütze seine Entscheidung allein darauf, was in der Gegenwart als Zukunft *absehbar* sei (gegenwärtige Zukunft). Die gesetzliche oder juristische erarbeitete Zweckvorgabe könne nur ein Leitfaden für die Ermittlung der Konditionen sein, die die Entscheidung zwischen Recht und Unrecht tragen können; je mehr Zweckmäßigkeitserwägungen die Entscheidung tragen, desto höhere sei die Wahrscheinlichkeit, dass sie falsch sei, zumal die Zukunft unbekannt bleibe. Dem Rechtstexte liege immer eine *Wenn-Dann*-Struktur zugrunde, wobei sich im Extremfall die Struktur auf die Kompetenznorm reduziere, dass rechtens sei, was das Gericht für ein geeignetes Mittel halte, sofern es denn *Gericht* ist.
[112] H.L.A. Hart, Der Begriff des Rechts, mit dem Postskriptum von 1994 und mit Nachwort von Ch. Möllers, Suhrkamp, 2. Auflage, Berlin 2018. Die Regeln vom ersten Typ normieren Pflichten für die Bevölkerung, die Regeln vom zweiten Typ ermächtigen: übertragen öffentliche oder private Befugnisse (S. 101). Die *Erkenntnis*regel, die angibt, wie Recht zu identifizieren ist, *zeige sich* darin, *wie* besondere (förmliche) Regeln regelmäßig identifiziert werden (S. 123). Hart drückte sich zwar so aus, dass diese Regel *als* koordinierte Praxis der Gerichte, der Beamten und der Privatpersonen existiere, doch setzte er ihre Normativität *nicht* mit Faktizität gleich (S. 133), sondern erklärte, sie werde *angenommen* für den Zweck, dem sie dienen soll, was wiederum nur bedeutet, dass sich ihn Sinngehalt in der Praxis als ein *Dogma* bewährt hat (S. 128, 131).

Im Rechtssystem organisiert ein Teilsystem einen eigenen Bereich zirkulär vernetzter Operationen – Entscheidungen, und beschreibt *sich* als Hierarchie, von Organen oder Normen.[113] ADOLF MERKL veranschaulichte sie als rechtlichen Stufenbau.[114]

---

[113] N. Luhmann, Das Recht der Gesellschaft, S. 145, zufolge beschreibt es sich *ausschließlich* für das Differenzieren der Konditionierungen des Entscheidungszusammenhangs als Hierarchie, jedoch sei die zirkuläre, rekursive Reproduktion von Rechtsentscheidungen der Primärvorgang. Ungeachtet der Art und Weise der Beschränkung des Entscheidens im Wege rechtlicher Vorgaben könne eine Rechtsunsicherheit (ob auf der Ebene der Rechtsinterpretation oder der Faktenfeststellung) nur durch eine Kompetenznorm beseitigt werden; das Entscheidungssystem des Rechts beruhe insgesamt auf der Reflexivität des Normierens (S. 146).

[114] Vgl. H. Mayer, Die Theorie des rechtlichen Stufenbaues, in: Walter (Hrsg.), Schwerpunkte, S. 37 bis 46, der darauf aufmerksam machte, dass die Stufenbaulehre als Strukturtheorie den Zusammenhang von Regeln sichtbar, erfassbar machen, diesen aber nicht herstellen könne; der stufenförmige Bau müsse dem positiven Recht selbst *entnommen* werden. Mit der Skizze eines Stufenbaus nach rechtlicher Bedingtheit und jenes nach der derogatorischen Kraft der Regeln, die der Dogmatik „ein Instrument zur Erforschung der rechtlichen Kompetenzordnung bietet" und „vertiefte Einsichten im Bereich der Rechtskraftlehre und im Bereich der Fehlerhaftigkeit von Staatsakten" zu erzielen erlaubt, geht die Bemerkung einher, *nötig* sei nur eine Stufung, positivrechtlich möglich beliebig viele. Dies ist nur dann zutreffend, wenn und weil man sich entschieden hat, Recht als *Ordnung* wechselseitig abgestimmter Regeln zu deuten.

Vgl. Merkl, Prolegomena einer Theorie des rechtlichen Stufenbaues, in: Gesellschaft, Staat und Recht, FS für Hans Kelsen, 1931, S. 252 bis 294; E. Wiederin, Die Stufenbaulehre Adolf Julius Merkels, in: Griller und Rill (Hrsg.), Rechtstheorie (2011), S. 81 bis 134; B. C. Funk, Die Leistungsfähigkeit der Stufenbaulehre, in: Griller/Rill, Rechtstheorie, S. 195 bis 208.

4.

Um die Rechtslehre von anderen Lehrrichtungen abzugrenzen, die sich mit Verhaltensregeln befassen, schränkte Kantorowicz das Recht auf Regeln ein, die *äußeres* Verhalten (Handlungen) vorschreiben (anordnen).[115] Die Regeln der Moral prägen und bewerten die *innere* Haltung: *Geist*eshaltung als tugend- oder lasterhaft, wohingegen die Regeln des Rechts zwar an geistige Vorgänge anknüpfen können, aber stets nur äußeres Verhalten *vorschreiben*.[116]

---

[115] H. Kantorowicz, Der Begriff des Rechts, S. 55 ff. Selbstverständlich könne es vorkommen, dass dieselbe Rechtsregel in zwei verschiedenen Rechtssystemen erscheine oder dieselbe Handlung den Anforderungen der betreffenden Rechtsregeln *und* den Regeln z. B. der Moral *zugleich* genüge, doch sei es ausgeschlossen, dass die Rechtsregeln gleichzeitig der Moral angehören, wenn wir uns entschlossen haben, die Moral als eine vom Recht unterschiedliche Gesamtheit von Regeln anzusehen. In der Geschichte der Staaten und sei das, was als legal, zuweilen als unmoralisch; was moralisch, u. U. als illegal betrachtet worden (S. 56).

[116] H. Kantorowicz, Der Begriff des Rechts, S. 58 f., sagte, die von ihm vertretene Auffassung über die Unterscheidung von Recht und Moral führe selbst in jenen Fällen zu befriedigenden Ergebnissen, in denen ethische Regeln religiösen oder weltlichen Ursprungs im Gesetz ihren Niederschlag gefunden haben. Wird eine ethisch-religiöse Regel in eine Rechtsregel verwandelt, so könne dies nur um den Preis des Verlustes des Charakteristikums geschehen, dass sie dem Menschen ein inneres Verhalten (eine Haltung) abverlange.

Ein *Maschinenmensch* (Roboter) ohne jedes geistige Leben könne als gesetzestreuer Bürger gedacht werden; sein Verhalten bliebe dabei moralisch indifferent, weder gut noch schlecht (S. 60).

Alle moralischen Systeme – so erläuterte Kantorowicz – verlangen stets irgendein *Motiv* für die jeweils vorgeschriebene Handlung oder zumindest eine spezielle Art des Bewusstseins, das die Handlung begleitet.[117]

Radbruch sagte hinsichtlich ihrer Interessenrichtung, dass äußeres Verhalten die Moral nur dann interessiere, wenn es die Gesinnung *beglaubigt*.[118] Luhmann hielt sie für den Ausdruck von Achtung oder Missachtung *der Person*; wohl in Ansehung ihrer Geisteshaltung.[119]

---

[117] Kantorowicz, Der Begriff des Rechts, S. 60 f. Dagegen könne eine Person im Bereich des Rechts aus beliebigen Beweggründen handeln und *trotzdem* die gesetzlichen Pflichten erfüllen. Die Moral *regle* zwar äußeres Verhalten, könnte man wohl im Sinne von Kantorowicz sagen: jedoch lediglich, wie man sich *aus* einer bestimmten Gesinnung heraus verhalten soll (inneres Verhalten, Haltung).

[118] G. Radbruch, Rechtsphilosophie, § 5. Inneres Verhalten trete in den Gesichtskreis des Rechts *nur*, sofern es Handlungen *gewärtigen* lasse.

Die Moral habe den Einzelmenschen *mit* seinen Beweggründen zum Gegenstand, das Recht das Zusammenleben, worin nur *mittelbar* auch innerliches Verhalten, aber nicht Beweggründe *als solche* vorkommen; in *diesem* Sinne fordere Recht nicht Moralität, sondern bloß Legalität.

[119] N. Luhmann, Die Moral der Gesellschaft, Suhrkamp, Frankfurt am Main 2008. Als *Gefahr* der Moral sah N. Luhmann ihre Verstrickung in Streit, Gewalt, Aufruhr und Krieg – Ethik habe vor der Moral zu warnen, denn nach der Ausdifferenzierung eines umfassenden Rechtssystems brauche die Gesellschaft keine Moral. Reese-Schäfer, Niklas Luhmann zur Einführung, Junius, 6. Auflage, Hamburg 2011, S. 113 f., hält den von Luhmann bemühten Achtungsbegriff indes für veraltet, überholt.

Die gewählte Unterscheidung von Recht und Moral hat etwa zur Folge, dass Völkerrecht nicht als internationale Moral eingeordnet werden; und vor allem, dass Moral nicht als *Quelle* von Recht angesehen werden kann.[120]

Wie Kelsen ist Luhmann der Ansicht, dass das Recht normative Vorgaben der Moral oder anderer Quellen beziehen könne, dies jedoch durch *Transformation* geschehen müsse.[121]

Das Recht, wie es sein *sollte*, heißt Gerechtigkeit; *sie* gehört für Kantorowicz zur *Quasi*-Moralität, die Verhalten bezeichnet, welches *nur* darum nicht moralisch ist, weil vom Beweggrund abgesehen wird.[122]

---

[120] Vgl. H. Kantorowicz, Der Begriff des Rechts, S. 62; a. A.: J. Austin, Lectures on Jurisprudence, The Philosophy of Positive Law, New York 1875, 5. Vortrag; J. C. Gray, Nature and Sources of the Law, New York 1921, Kap. VII; R. Pound, Law and Morals, University of North Carolina Press, 2. Aufl. 1926, S. 52.

Begriffliche Unterscheidungen bedeuten für Kantorowicz gleichwohl keine Trennungen in der Wirklichkeit, wovon in zahlreichen ethischen Konzepten die Vorgabe, dass Gesetze grundsätzlich zu befolgen seien, ungeachtet ihrer Ausnahmen Zeugnis gebe; Pflichtgefühl sei der Hüter des Rechts (S. 63 f.).

[121] N. Luhmann, Das Recht der Gesellschaft, S. 85 f. Moral habe *als solche* keine rechtliche Relevanz, weder als Code noch in den einzelnen Wertungen; anders sei es bei Wissen (rechtlich relevanten Tatsachen).

[122] H. Kantorowicz, Der Begriff des Rechts, S. 62 f. Durch Politik, soziale Reformen und Druck der Öffentlichkeit könne nur eine Quasi-Moralität erreicht werden, wiewohl echte Moralität aus ihr hervorgehen könne, weil die *Selbstachtung* keine Diskrepanz zwischen äußerem Verhalten und innerer Einstellung vertrage.

Über Gerechtigkeit zur Einführung: E. Holzleithner, Gerechtigkeit, facultas, Wien 2009.

Für Radbruch stellt sich das Ideal des sittlich Guten in einem Idealmenschen, und das Ideal der Gerechtigkeit in der idealen *Gesellschaft*sordnung dar.[123]

---

[123] G. Radbruch, Rechtsphilosophie, § 4. Das Gerechte – wie das Gute, das Wahre, das Schöne – sei ein absoluter Wert.

Gerechtigkeit im subjektiven Sinne, als Tugend, sei die Gesinnung, die auf objektive Gerechtigkeit gerichtet sei; *so*, wie Wahrhaftigkeit auf die Wahrheit. Gerecht im Sinne der objektiven Gerechtigkeit könne nur ein Verhältnis zwischen Menschen sein. Gerechtigkeit, an der positives Recht zu messen sei, sei die *austeilende* Gerechtigkeit als Urform aller Gerechtigkeit. *Billigkeit* sei die Gerechtigkeit des Einzelfalles, als solche aber auch generalisierender Natur; sie müsse sich gleichfalls zu einem allgemeinen Gesetz erheben lassen.

Recht ist für Radbruch wie Moral ein Kulturbegriff, Gerechtigkeit ein Wertbegriff wie Sittlichkeit; Recht sei nicht mit Sittlichkeit vergleichbar, nur mit Moral (§ 5). Der rechtliche *Wert* kennzeichne die Handlung als gut für das Zusammenleben, der moralische indes als gut schlechthin.

Die Regelung (Regulierung) zwischenmenschlicher Beziehungen *müsse* in einer Welt mit begrenztem Vorrat an Lebensgütern auch eine Regelung der Beziehungen der Menschen zu Sachen, Verteilung der Sachen unter den Menschen sein (§ 18); *Eigentum* sei eine apriorische Rechtskategorie, nicht aber, ob Sonder- oder (auch) Gemeineigentum.

Als *Kultur*erscheinung bedürfe Recht körperlicher Ausdrucksmittel, z. B. Sprache, Gebärde, Symbol, Gebäude; und wie jedes körperliche Ausdrucksmittel unterliege auch der Ausdruck des Rechts *ästhetischer* Bewertung (§ 14). Vgl. D. Damler, Rechtsästhetik, Sinnliche Analogien im juristischen Denken, Duncker & Humblot, Berlin 2016.

Die in Rede stehende Ordnung ist das Recht, Gerechtigkeit: das gerechte ist gerecht*fertigtes* Recht;

Recht, das annehm*bar* ist – juristischer Diskurs ist *gewagt*, weil er *entscheidend* dafür ist, ob die Norm als sozial*verträglich* gegolten haben wird.[124]

---

[124] Vgl. J. Derrida, Gesetzeskraft, insb. S. 46, 49 ff. und 56 f., der von Unentscheidbarkeit; von Gerechtigkeit sprach, die *im Kommen bleibt*.

P. Zeillinger, »Kriterien« für Recht und Gerechtigkeit, Europa und die politischen Konsequenzen des Denkens von Jacques Derrida, Ethica 2003, S. 61 bis 69, erläutert: *„In* oder *mit den Regeln* muss der Richter (aber auch jeder andere Akteur) die Regeln transzendieren und damit Gerechtigkeit *stiften*." Der angemessene, gerechte Akt müsse im Einzelfall sowohl „erfunden" werden als auch den Regeln entsprechen, die ihn erkennbar machen, woraus sich ergebe, dass *in der Gegenwart* niemals Gerechtigkeit ausgesagt werden kann. Das gerechte Handeln erfordere freie und verantwortete Entscheidung, ihre Angemessenheit sei jedoch unentscheidbar, sodass Unentscheidbarkeit das „Kriterium" der Entscheidung sei (S. 66 f.).

H. Kelsen, Was ist ein Rechtsakt? Österr. Zeitschrift für öffentliches Recht, Neue Folge, 4. Band, 1951/52, Heft 3, S. 263 bis 274, betonte, dass eine rechtsverbindliche Entscheidung ein Willensakt sei, wodurch eine Norm gesetzt werde. A. Merkl, Gesetzesrecht und Richterrecht, Wissenschaftliche Vierteljahresschrift der Prager Jurist. Zeitschrift, 2. Jahrgang, 1922, Heft 12, S. 337 bis 344, bezeichnete das Gesetz als delegierende, Rechtsprechung als delegierte Rechtsquelle. Im System des Gesetzesrechts sei das Richterrecht nicht etwa Ausnahme, sondern als unvermeidliche Ergänzung des Gesetzes eine ausnahmslose Regel.

Kritisch äußerte sich Merkl jedoch zur Freirechtslehre: Freirecht und Richterfreiheit, Schweizerische Juristen-Zeitung, 16. Jahrgang, 1920, Heft 17, S. 265 bis 268.

Diskurstheorie hält eine Norm genau dann für richtig, im relativen prozessualen Sinne: gerecht, wenn sie als Ergebnis einer durch Regeln für den *idealen* rationalen Diskurs definierten Prozedur *möglich* ist. Vgl. R. Alexy, Die Idee einer prozeduralen Theorie der juristischen Argumentation, Rechtstheorie, Beiheft 2 (1981), S. 178 ff.

Alexy hat den juristischen Diskurs als Sonderfall des allgemeinen praktischen Diskurses eingeordnet; der juristische Diskurs finde immer unter eingeschränkten Bedingungen statt, insb. unter Bindung an das *geltende* Recht. Beansprucht werde, dass die juristische *als* rechtliche Entscheidung *richtig* sei.

Die Entscheidung muss stets daraufhin befragbar bleiben, inwiefern sie als gerecht *gelten* kann.[125]

Vgl. R. Alexy, Theorie der juristischen Argumentation, 8. Auflage, Suhrkamp, Frankfurt am Main 2015, Nachwort (1991): Antwort auf einige Kritiker, S. 428 f. Die Beteiligten am Diskurs geben ihm zufolge zumindest vor, ihre Argumente seien solcherart, dass sie unter idealen Bedingungen die Zustimmung *aller* finden würden (S. 434).

In Anknüpfung an J. Habermas, Faktizität und Geltung, Beiträge zur Diskurstheorie des Rechts und des demokratischen Rechtsstaats, Suhrkamp, Frankfurt am Main 1992, wies N. Luhmann, Das Recht der Gesellschaft, S. 99, darauf hin, dass das Kriterium, dass alle womöglich Betroffenen als Teilnehmer an einem rationalen Diskurs zustimmen könnten, als Kriterium der Gültigkeit von Handlungsformen gerichtlich nicht überprüft werden könne – es sei „im Rechtssystem selbst nicht praktizierbar", nicht justiziabel. Zudem könnten auch unterschiedliche Entscheidungen annähernd gleich gut begründbar sein (S. 402).

Zur prozeduralen Theorie vgl. auch A. Fischer-Lescano und G. Teubner, Prozedurale Rechtstheorie: Wiethölter, in: S. Buckel et al. (Hrsg.), Neue Theorien des Rechts, 3. Auflage (2020), S. 157 bis 170.

Denkt man an *Fairness* des Verfahrens (vor Gericht, im Parlament, usw.), so geht es im juristischen Diskurs wohl eher darum, dass sich die entscheidenden Argumente bewähren; als haltbar *erweisen*, weil sie sich sozial *verantworten* lassen. „Es gilt", wie Zeillinger sagte, „jene Regeln zu (er-)finden, die das hier und jetzt ins-Werk-zu-Setzende als ein der Zukunft angemessenes, von der Zukunft her bestimmtes Handeln ausgewiesen haben wird", wobei diese (Zu-kunft, Ad-vent), da sie „im-Kommen" ist, nie im Präsens endgültig benannt werden könne. vgl. ders., Jacques Derrida: Gott im-Kommen, in Hardt/Stosch (Hrsg.), Für eine schwache Vernunft? im Matthias-Grünewald Verlag, Ostfildern 2007, S. 66 bis 83 (68 f.).

[125] Mit P. Zeillinger, Ethica 2003, S. 67, ließe sich fragen, inwiefern die Entscheidung über eine willkürliche oder aber bloß bestimmten Regeln folgende hinausgeht; wissend, dass diese Überprüfung (Kritik) niemals abgeschlossen sein kann.

Gerechtigkeit bleibe ausständig, hielt Zeillinger fest, sei aber als ein Mehr *im* Recht gegenwärtig, gegen die Gewalt des Rechts einklagbar: Nur jene Rechtsanwendung, die auf ihren Bezug auf die Gerechtigkeit hinterfragbar, also *dekonstruierbar* bleibe, entgehe der Identifizierung als „Ideologie" (S. 67).

Für Luhmann ist Gerechtigkeit die Formel, dass gleiche Fälle gleich und ungleiche ungleich zu behandeln sind (Gleichheit als Regelhaftigkeit).[126]

Kritische Systemtheorie vermerkt, dass Recht sich – aus *sich* heraus – sowohl auf konsistentes als auch auf rechtsethisch haltbares Entscheiden ausrichtet.[127]

---

[126] Das Recht kann sich im Recht zum Thema machen und macht das auch, denn obzwar es sich schließt, von seiner Umwelt abgrenzt, bleibt es auf sie bezogen; es *gibt* den Grenzübertritt (crossing), das Außen ist im Inneren zu hören: als *Rauschen*, das irritiert, sich aufdrängt. Die sog. Fundierungsparadoxie des Rechts wird in *seiner* Kontingenzformel (der Gerechtigkeit) sichtbar, denn *sie* stellt seine Grenzziehung infrage. Luhmann befasst sich damit im 5. Kap. von *Das Recht der Gesellschaft*.

[127] Wird hierbei von rechtsinterner *Politik* gesprochen, so scheint nicht Politik als soziales System gemeint zu sein, weshalb die angesprochene *interne* Reflexionspolitik wohl eher ethische Selbstkritik zu nennen ist. Vgl. K. Möller, Systemtheorie des Rechts: Teubner und Luhmann, in: Neue Theorien des Rechts, 3. Auf., hrsg. von S. Buckel/R. Christensen/ A. Fischer-Lescano, Mohr Siebeck, Tübingen 2020, S. 47 bis 65 (63).

Da für Luhmann, Das Recht der Gesellschaft, S. 353, 356 und 374, Gerechtigkeit in der Konsistenz des Entscheidens besteht, konnte er sagen, sie sei Redundanz; die *eine* Seite einer Unterscheidung, deren *anderen* die Varietät sei.

Th. Mayer-Maly, Rechtsphilosophie (2001), Nachdruck 2015, Verlag Österreich, Wien, S. 2, hat Recht als im Großen und Ganzen „wirksame, Richtigkeit anstrebende Ordnung menschlichen Verhaltens, die einem ethischen Minimum genügt", definiert. Beim angesprochenen Minimum geht es aber nicht um Messbares, sondern eher um ein „Kriterium" für angemessene Rechtskritik.

Für und mit Kelsen ist eine solche Gerechtigkeit, unter deren Schutz die Wissenschaft und damit Wahrheit und Aufrichtigkeit gedeihen können, die Gerechtigkeit der Freiheit, des Friedens, der Toleranz, der *Demokratie*.[128]

Parlamentarische Demokratie *bezeugt*, dass Recht nur dann gilt, wenn es vom Staatsvolk ausgeht, vernünftig begründet ist und der Menschenwürde gerecht wird.[129]

---

[128] H. Kelsen, Was ist Gerechtigkeit? (1953), Reclam, Stuttgart 2010, S. 52, mit einem Nachwort von Robert Walter. Zur Demokratietheorie von Kelsen: H. Kelsen, Vom Wesen und Wert der Demokratie, 2. Aufl., J.C.B. Mohr, Tübingen 1929, Nachdruck: Reclam, Stuttgart 2018, mit einem Nachwort von K. Zeleny. Zum demokratischen Positivismus vgl. P. Niesen/O. Eberl in: Buckel et al. (Hrsg.), Neue Theorien des Rechts, 3. Aufl. (2020), S. 13 bis 28; I. Maus, Zur Aufklärung der Demokratietheorien, Rechts- und demokratietheoretische Überlegungen im Anschluß an Kant, Suhrkamp, Frankfurt 1992.

Zum menschengerechten Recht und damit gegen einen Ausschluss von Menschen aus der politischen Gemeinschaft vgl. H. Franzki, Post-Juridische Rechtstheorien: Benjamin, Menke, Loick, in: Buckel et al., Neue Theorien des Rechts, S. 67 bis 84.

Zur Rückbindung der Demokratie in der EU an Menschenrechte und Rechtsstaatlichkeit vgl. H. Pačić, Europäische Demokratie, FH des BFI Wien: Working Paper Nr. 109/2019; Pačić, Europäische Grundrechte, BoD, Norderstedt 2020.

[129] Die Idee der Demokratie ist für Kelsen die Idee der Freiheit als der politischen Selbstbestimmung, beschränkt durch jene der Gleichheit; Kelsen, Staatsform und Weltanschauung, J.C.B. Mohr (Paul Siebeck), Tübingen 1933.

Vgl. H. Kelsen, Demokratisierung der Verwaltung, Zeitschrift für Verwaltung, 54. Jahrgang, Wien 1921, H. 1, S. 5 ff.; Kelsen, Geschworenengericht und Demokratie, Das Prinzip der Legalität, Neue Freie Presse, Wien, Nr. 23128 vom 3. Februar 1929, S. 2; Kelsen, Justiz und Verwaltung, Zeitschrift für soziales Recht 1929, S. 1 bis 25.

Der Parlamentarismus sei die einzig mögliche reale Form, in der die Idee der Demokratie in der sozialen Wirklichkeit erfüllt werden könne. Der Drang nach Freiheit setze sich durch, aber nicht als schrankenlose Freiheit der Anarchie, die nur das Gegenbild der Diktatur sei, sondern als Freiheit der Demokratie: als Freiheit des Kompromisses, als Freiheit des sozialen Friedens.

Das Rechtssystem ist zwar *normativ* geschlossen, operiert aber *kognitiv* offen.[130]

Vgl. Kelsen, Das Problem des Parlamentarismus, Soziologie und Sozialphilosophie, Schriften der Soziologischen Gesellschaft in Wien, Heft III, Wilhelm Braumüller, Wien/Leipzig 1925; Kelsen, Zur Soziologie der Demokratie, Der österreichische Volkswirt, 19. Jahrgang, 1926, Heft 8/9, S. 209 bis 211 und 239 bis 242; Kelsen, Demokratie, Schriften der deutschen Gesellschaft für Soziologie, I. Serie, V. Band, Verhandlungen des 5. Deutschen Soziologentages in Wien, Tübingen 1927, S. 37 bis 68 und 113 bis 118.

[130] Ein psychisches oder soziales System *kann* kognitiv offen operieren, wenn und weil es ein re-entry der Form in die Form vollziehen kann; N. Luhmann, Die Politik der Gesellschaft, S. 372 f.

Die These normativer Geschlossenheit richte sich − *so* Luhmann, Das Recht der Gesellschaft, S. 76 ff.; insb. gegen die Vorstellung, Moral könne im Rechtssystem unmittelbar gelten. Recht müsse der Tatsache Rechnung tragen, dass zwar der Moralcode gesellschafsweit derselbe sei, aber die Moralprogramme (Kriterien der Unterscheidung von Gut und Böse) nicht konsensfähig seien; die Argumente einer moralischen Rechtskritik müssen nicht unbedingt *rechtlich* überzeugen. Moralische Meinungsverschiedenheiten müssen demnach nicht im Rechtssystem ausgetragen werden. Man könne jedenfalls erwarten, dass normative Erwartungen *lernfähig* bleiben; dass sie in einem kognitiven Kontext geändert werden können oder sollten, sei dies intern durch nicht mehr akzeptable Rechtsfolgen oder extern induziert durch Veränderungen in der gesellschaftlichen Einschätzung des Sinns der Normen. Autopoiesis dürfe nicht als politisches oder ethisches Kriterium der Akzeptabilität von Recht missverstanden werden.

Gerechtigkeit muss sich rechtlich *ereignen* können.[131]

---

[131] Derrida, Gesetzeskraft, S. 56 f., pflegte „vielleicht" zu sagen, wenn es um Gerechtigkeit geht: „Die Gerechtigkeit ist der Zukunft geweiht, es gibt Gerechtigkeit nur dann, wenn sich etwa ereignen kann, was als Ereignis die [...] Regeln, die Programme [...] übersteigt." Als Erfahrung der absoluten Andersheit sei sie nicht darstellbar, doch liege darin die *Chance* des Ereignisses.

Nach Alain Badiou ist ein *Ereignis* das Hereinbrechen (Präsentation) des Unendlichen in die Welt, ohne ebendarin repräsentiert werden zu können; es stellt eine Singularität in der ontologischen Normalität einer Situation dar. Wahrheit sei ein subjekthaftes, ein *interventionistisches* Sprechen von einem Ereignis; allein das *Subjekt* benenne ein Ereignis, das jedoch weder bewiesen noch endgültig aufgewiesen, sondern nur *bezeugt* werden könne – das Bezeugen bringe ein Subjekt hervor, das diesem *treu* bleibe. Ereignis und Zeugnisakt verändern die Situation. Das Bezeugen erfolgt im Modus der Vorzukunft (Futur II); es geht also darum, ein Ereignis ins *Werk* zu setzen – einen Akt zu setzen, der ein gerechter gewesen sein wird. Vgl. Badiou, Das Sein und das Ereignis, diaphanes, Berlin 2005; P. Zeillinger, Dem Ereignis nach-denken, Hat Badious Philosophie eine Zukunft? in: J. Knipp/F. Meier (Hrsg.), Treue zur Wahrheit, Die Begründung der Philosophie Alain Badious, Unrast, Münster 2010, S. 221 bis 237.

Gefährdet sei die „Wahrheit" des Ereignisses, wenn es anstatt mit Leere („Unnennbares") mit Fülle *identifiziert* werde (Trugbild); wenn der Zeuge dem Ereignis nicht treu sei, sondern sein eigenes Interesse verfolge (Verrat); und wenn die Intervention kein zu verantwortendes Wagnis sei, sondern ihr absolute Macht/Wahrheit zugeschrieben werde (Desaster). Vgl. A. Badiou, Ethik, Versuch über das Bewusstsein des Bösen, Turia + Kant, Wien 2003.

Zum „Er-eignis" bei Martin Heidegger s. P. Zeillinger, Offenbarung als Ereignis, SaThZ 21 (2017), S. 25 bis 101 (30 bis 41).

5.

Nachdem er die Regeln von Regelmäßigkeiten und kollektiven Gewohnheiten, und die Rechtsregeln von den Regeln der Moral unterscheiden hatte, kam Kantorowicz auf Regeln zu sprechen, die äußeres Verhalten vorschreiben, ohne in der Rechtslehre in den Bereich des Rechts eingeordnet zu werden; angesprochen sind die *Sitten* (mores, social customs).[132]

---

[132] H. Kantorowicz, Der Begriff des Rechts, S. 65 ff. Sitten können z. B. die guten Manieren, Gruß- und Anredeformen, die Gesprächsthemen, Formen der Korrespondenz, den Takt, die Sauberkeit der Kleidung, die Verhaltensformen bei Zeremonien und Feierlichkeiten, die Anlässe für gewisse Geschenke, den kollegialen Umgang usw. betreffen (S. 65 f.).

Kantorowicz bemerkte, wie eng Sitten und Gebräuche mit anderen Regelmäßigkeiten und Regeln interagieren, um denselben Gegenstand äußeren Verhaltens zu bestimmen. Als Beispiel (S. 66) gab er an, die Kleidung einer Person könnte bestimmt sein: hinsichtlich der Herkunft durch ihre individuellen Gepflogenheiten, was die Kosten betrifft durch Gewohnheiten im sozialen Umfeld, hinsichtlich des Schnittes durch alte Gebräuche, was die Farbe anlangt durch die neueste Mode, bezüglich Stoffs durch Gesetze, im Hinblick auf die Ausstattung durch ästhetische Grundsätze, in Bezug auf Sauberkeit und Vollständigkeit durch Sitten. Dieses Beispiel verdeutlicht die Schwierigkeiten einer Abgrenzung; die Grenzen sind fließend.

Die Äußerlichkeit der Sitten sei jedenfalls so offenkundig, dass nicht einmal ein Konflikt mit der sittlichen Pflicht der Aufrichtigkeit entstehen könne (S. 67). Mit *Sittlichkeit* ist im Deutschen oft Moralität oder Moral (morals) gemeint; sie ist daher von den Sitten, um die es *hier* geht, zu unterscheiden. Radbruch, Rechtsphilosophie, § 6, hat die Äußerlichkeit der Sitten bestätigt, aber die übliche *Fiktion* zugehöriger Innerlichkeit betont, z. B. *verhalte* man sich so, als stünde hinter jeder Spende die Großzügigkeit.

Von den Sitten sei Recht als eine Gesamtheit *gerichtsfähiger* Regeln zu unterscheiden.[133]

Gerichtsbarkeit wird *Justiz* genannt, worin ihre Ausrichtung anklingt; seit alters Gerechtigkeit als Rechtsidee nachklingt.[134]

---

[133] H. Kantorowicz, Der Begriff des Rechts, S. 68 ff., legte dar, dass sich die Sitten vom Recht weder im Inhalt, im Ursprung oder im Wert noch in der Wirksamkeit oder den Sanktionen abgrenzen lassen. Recht könne auch nicht als rationalisierte Sitte, die Sanktionen organisiert, betrachtet werden; kein Recht sei jemals völlig rationalisiert gewesen, überdies werde eine Reihe organsierter Sanktionen übersehen, die den Sitten, *nicht* dem Recht zugeordnet werden (z. B. Demonstrationen, Boykotts, Erziehungsmaßnahmen, usw.) (S. 75 ff.).
[134] Vgl. O. Höffe, Gerechtigkeit, Eine philosophische Einführung, C.H. Beck, 5. Auflage, München 2015, S. 9, 53.

Kantorowicz sprach von Regeln *formalisierter* Sitte, die als geeignet angesehen werden, von einem richterlichen Organ in einem bestimmten Verfahren angewendet zu werden.[135]

---

[135] H. Kantorowicz, Der Begriff des Rechts, S. 81 ff. Der hier gebrauchte Ausdruck: *gerichtsfähig* (justiciable) stamme aus dem Völkerrecht, wo er sich *nicht* auf Regeln, sondern auf Streitfälle (Konflikte) beziehe, die von den Staaten als geeignet angesehen werden, sie gerichtlicher oder schiedsgerichtlicher Entscheidung zu unterwerfen (S. 89 f.).

Da der Begriff des richterlichen Organs *weiter* sei als der Begriff des Gerichts und sich solche Organe auch im Bereich der Sitten finden, sei es erforderlich, Recht auf die Anwendung von Regeln nach einem mehr oder weniger festgelegten, *bestimmten* Verfahren zu beschränken. Die Bestimmtheit könne auch *Formalisierung* genannt werden, doch würde das zur Verwechslung mit formalem (förmlichen) Recht, im Gegensatz zu freiem Recht, Anlass geben (S. 85 f.). Die Bestimmtheit beziehe sich auf das *Verfahren* bei der Anwendung der Regel, nicht auf die Regel.

Für Radbruch, Rechtsphilosophie, § 6, ist die Sitte eine *Vorform* von Recht und Moral, die dazu bestimmt sei, davon aufgezehrt zu werden, z. B. als Sitte des Almosens, die sich zur Pflicht der Wohltätigkeit in der Moral wie auch zur rechtlichen Einrichtung der Fürsorge (Armenpflege) entwickelt habe. In der Erziehung werde Moral *zuerst* in Form der Sitte nahegebracht, z. B. mit den Worten: „Das tut man nicht."

Luhmann, Das Recht der Gesellschaft, S. 207 bis 211, beleuchtete das rechtliche Verfahren als Möglichkeit des Systems, Entscheidungen aufzuschieben und eine *gewisse Zeit* im Ungewissen zu operieren. Das Verfahren nutze dies, um zur Teilnahme zu ermutigen und *Chancen* in Aussicht zu stellen und Anerkennung zu veranlassen, sodass am Ende kaum Aussichten bestehen, seine Legitimität zu bestreiten. Der binäre Rechtscode werde so um den Wert der Ungewissheit der Wertzuteilung angereichert. Das Verfahren ermögliche die Codeanwendung auf das Verfahren selbst (Prozessrecht im Unterschied zu materiellem Recht). Es gebe keine andere Normenordnung, die eine solche, über Verfahren laufende Reflexivität entwickelt habe. Womöglich liege darin auch das entscheidende Abgrenzungsmerkmal zur Codierung der Moral, die *kein* autopoietisches System sei.

Das *richterliche Organ* sei als eine bestimmte Stelle oder Behörde (authority) zu verstehen, die mit einer Art Kasuistik befasst sei: damit, Grundsätze (principles) auf Einzelstreitfälle über unvereinbare Verhaltensweisen anzuwenden.[136]

Auch für Radbruch ist der einzelne Rechtsfall nicht nur Beispiel eines allgemeinen Gesetzes, sondern umgekehrt: das Gesetz sei zur Entscheidung in *Fällen* da und das Recht sei in *diesem* Sinne die Gesamtheit der Entscheidungen.[137]

---

[136] Kantorowicz, Der Begriff des Rechts, S. 81 bis 83. Die *Grundsätze*, um die es hier geht, seien als Regeln zu begreifen. Kantorowicz wollte den Zirkelschluss vermeiden, den er zuvor getadelt hatte, nämlich von der Anwendbarkeit *durch Gerichte* als von einem Kriterium des Rechts zu sprechen, weshalb er von richterlichen Organen sprach, wo immer Regeln *irgendwelcher* Art angewendet werden.

Die Stelle oder *Behörde* könne ein Individuum (Richter/in) oder ein Kollegialgericht sein, das aus zwei, drei oder sogar aus hunderten von Richter/inne/n zusammengesetzt sei, z. B. der Stamm, das Thing, der Areopag oder ein Parlament, sofern es eine Art Gerichtsbarkeit ausübt.

Die *Anwendbarkeit* der Regeln trat bei Kantorowicz an die Stelle der Durchsetzbarkeit oder Erzwingbarkeit, die er für unhaltbar hielt. Viele Regeln seien nicht durchsetzbar, erzwingbar, obwohl man sich auf sie vor Gericht berufen könne; man denke hier nicht an öffentliches Recht allein, sondern auch an Privatrecht, z. B. an die eherechtlichen Regeln.

Die *Streitfälle* beziehen sich auf unvereinbare Ziele der Parteien *und* stellen einen Zusammenstoß im Verhalten dar. Als *Parteien* seien nicht nur Individuen als Mitglieder der Gruppe, sondern Untergruppen oder die Gruppe insgesamt denkbar.

[137] G. Radbruch, Rechtsphilosophie, § 15; dem Umfang, den Grenzen und den Grenzfällen des Gesetzes wende man sich in der Jurisprudenz besonders interessiert zu.

Richterliches Denken tendiert zur Rationalisierung und zu sozialer Gerechtigkeit – Abwägung und Ausgleich.[138]

Recht *ersetzt* Gewalt und Krieg; die Rechtslehre setzt *Frieden* nicht nur voraus, sondern sichert ihn ab durch Klärung, was erwartet werden darf.[139]

---

[138] H. Kantorowicz, Der Begriff des Rechts, S. 47, 88. Gerechtigkeit und Unparteilichkeit seien untrennbar. Im Wesen von Gerechtigkeit sei die Gleichheit gelegen. Wird in der Gesetzgebung die Abwägung zwischen Gemeininteresse und Individualinteresse verweigert oder Gleichheit als Kern der Gerechtigkeit bewusst verleugnet, so liegt nach G. Radbruch eine Abkehr vom Wesen des Rechts vor; Entwurf eines Nachworts zur Rechtsphilosophie, Anhang 1 in der Studienausgabe von R. Dreier und S.L. Paulson, C.F. Müller, Heidelberg 2003.
Radbruch, Rechtsphilosophie, § 4, hat in Anlehnung an Aristoteles zwischen ausgleichender und austeilender Gerechtigkeit unterschieden und dabei darauf hingewiesen, dass die ausgleichende einen Akt der austeilenden Gerechtigkeit *voraussetzt.*
[139] G. Radbruch, Rechtsphilosophie, § 29: Der Sinn des Krieges sei Sieg oder Niederlage, also Entscheidung eines Streites, gerechtfertigt allein dadurch, dass eine Interessen-, eine Wertkollision zu entscheiden sei, für deren Entscheidung es kein anderes Mittel gebe. Es *gibt* allerdings immer ein anders: das juristische Mittel, und gäbe es keines, so ließe es sich schaffen, weshalb Radbruch am Ende des Kapitels sagt: „Sich mit dem Kriege wie einem unabwendbaren Unheil abzufinden, geziemt aber am wenigsten dem Juristen."
Vgl. O. Schwemmer, Philosophie der Praxis, Suhrkamp, Frankfurt am Main 1980; Grundlagen einer normativen Ethik, in: F. Kambartel (Hrsg.), Praktische Philosophie und konstruktive Wissenschaftstheorie, Suhrkamp, Frankfurt am Main 1974, S. 73 bis 95.

Wir können hier an jedes *geregelte* (förmliche, staatliche) Verfahren denken, das *fair* zu sein gedacht ist und öffentliche Rechtfertigung ausspricht.[140]

Nur wo Freiheit; nur wo Persönlichkeit; nur wo Weisheit sei, *da* sei soziale Gerechtigkeit, lehrte Hermann Kantorowicz.[141]

---

[140] Vgl. H. Kantorowicz, Der Begriff des Rechts, S. 29, 82 f.

Die Stelle oder Behörde, von der Kantorowicz sprach, müsse – wie er dies sagte – innerhalb der Gruppe, in der die angewandte Regel in Gebrauch steht, als ein *Organ* der Gruppe anerkannt, mit irgendeiner Art von Vollmacht beliehen und berechtigt sein, wenn nicht Gehorsam, so jedenfalls *Achtung* zu fordern.

Die richterliche Anwendung der Regeln – so Kantorowicz – müsse nicht bewusst erfolgen; die Übereinstimmung der *Entscheidung* sowie des *Verfahrens* mit den Regeln sei ausreichend; widrigenfalls sei von einer Entscheidung nach *Willkür* auszugehen, die man nicht *richterlich* nennen könne. Das Prozess*ziel* sei eine Erledigung (ordnungsgemäße Beilegung) des Streits *solcherart*, dass ähnliche Konflikte in absehbarer Zukunft vermieden werden.

Das richterliche Organ bringe stets Unparteilichkeit (Vernünftigkeit, Sachlichkeit), Autorität (Respektabilität) und Wirksamkeit (Effektivität, Akzeptanz) zum Ausdruck. Luhmann, Das Recht der Gesellschaft, S. 261 f., bemerkte, dass sich das Recht nicht auf Konsens derart stützen lässt, dass alle jeder Norm allzeit zustimmen, weshalb das Verfahren es ermögliche, dass das Rechtssystem *für* die Gesellschaft entscheide.

[141] G. Flavius, Der Kampf um die Rechtswissenschaft, S. 47: Freiheit ist *hier* als Möglichkeit gemeint, jedem Fall die angemessene Regelung zu geben; Persönlichkeit als Hinweis auf einen schöpferischen Willen, der neue Gedanken zeugt; Weisheit als ins Leben gewandter Blick, der des Handelns ferne Folgen und Bedingungen ermisst. Die Rechtslehre solle sich in ihrer *kritischen* Funktion erkennen, die Gerichte in Kenntnis der sozialen Lebenswirklichkeit funktional Rechtsprechen (S. 20, 43).

N. Luhmann, Das Recht der Gesellschaft, S. 366 f., wies darauf hin, dass die Argumentation (Interpretation) kein normativer Prozess sei – sie dürfe enttäuschen, aus Enttäuschung lernen, wiewohl ihr *Ertrag* zu Regeln (Prinzipien) gerinnen, sodass Rechtsdogmatik als ein Gewebe von Entscheidungsgesichtspunkten *rückblickend* als eine Rechtsquelle gehandhabt werden könne.

6.

Hermann Kantorowicz hat „Recht" definiert als eine Gesamtheit von (sozialen) Regeln, die äußeres Verhalten vorschreiben und als gerichtsfähig angesehen werden.[142]

Es hat sich gezeigt, dass seine Begriffsbestimmung jene von Gustav Radbruch spiegelt, welche „Recht" als *die* Wirklichkeit ausweist, deren Sinn es ist, der *Gerechtigkeit* zu dienen.[143]

Niklas Luhmann hat uns gelehrt, dass das Recht als soziales System *selbst* bestimmt, was als Recht oder Unrecht *gilt*; Recht vollzieht *Gesellschaft*.[144] Hans Kelsen mahnte uns zur Einsicht, dass *sie* aus sich heraus *Recht* als Normenordnung erkennt.[145]

Also: Recht ist ein soziales System, das sich als Ordnung justiziabler Normen begreift.

---

[142] H. Kantorowicz, Der Begriff des Rechts, S. 36 f. und 90.
[143] G. Radbruch, Rechtsphilosophie, § 4.
[144] N. Luhmann, Das Recht der Gesellschaft, S. 7 f., 15.
[145] H. Kelsen, Reine Rechtslehre, 2. Aufl. (1960), Nachdruck im Verlag Österreich, Wien 2000.

Vernunft und Alterität

Nachtrag zur Rechtsethik

Wer bezweifelt, dass es Regeln für *rationales Begründen* gibt, der fragt im Grunde nach den Bedingungen der Möglichkeit für Erkenntnis und der Wirklichkeit der *Vernunft*, die ihr zugrunde liegt; *ob* wir sie *so* denken können, dass sie es uns ermöglicht, die Realität zu erkennen.[146]

1.

Wenn vernünftige Begründung auf formallogische Begründung von Aussagen durch Aussagen und auf empirische Begründung von Feststellungen durch Feststellungen beschränkt wird, dann mündet sie früher oder später in einen endlosen Begründungs-regress, verläuft sich in einem logischen Zirkel oder endet mit einem Dogma, also dem Abbruch des Begründungsverfahrens (Münchhausen-Trilemma).[147]

---

[146] Vgl. KURT WALTER ZEIDLER, Die Wirklichkeit der Vernunft, in: L. Nagl und R. Langthaler (Hrsg.), System der Philosophie? Festgabe für Hans-Dieter Klein, Peter Lang, Frankfurt am Main 2000, S. 241 bis 252.

„Wirklichkeit" (das Wirkende, engl. actuality von lat. actus) lässt an Prozess, an erlebbare Zustände und erfahrbare Umstände, „Realität" (das Verfestigte, Verdinglichte, engl. reality von lat. res) an erkennbare Gegenstände (Objekte, Sachen) denken. Vgl. A. N. Whitehead, Prozeß und Realität, Entwurf einer Kosmologie, 8. Aufl., Suhrkamp, Frankfurt am Main 2018, Nachwort von H. G. Holl, S. 641 f.

[147] Vgl. K. W. Zeidler, Grundlegungen, Zur Theorie der Vernunft und Letztbegründung, Ferstl & Perz, Wien 2016, S. 14 ff.

Zeidler wies darauf hin, dass keine Regel im Voraus alle Fälle ihrer Anwendung festlegen könne, sodass jede bzgl. einer unbestimmbaren Anzahl möglicher Fälle unbegründet sei. Vgl. K. W. Zeidler, Urteil und Schluss, Wiener Jahrbuch für Philosophie XI (1983), S. 213 bis 224 — mit Bezugnahme auf das Problembewusstsein von Immanuel Kant, der nach der ursprünglich-synthetische Einheit der Apperzeption gesucht habe, einem höchsten Punkt, woran der Verstandesgebrauch, auch die Logik, zu heften sei. Dieser sei weder Vermögen noch Verstand oder

Transzendentale Logik zeigt, dass diese drei Argumente des Begründungsskeptizismus schluss*logisch* überwunden werden können, wofern der *Schluss* als eine Synthesis von Deduktion, Induktion und Abduktion (selbstbegründend) gedacht wird.[148] Die Abduktion (oder Analogie) ist das logische Verfahren der Begriffsbildung, bei dem ein Fall als Anwendungsfall der Regel und damit deren Anwendbarkeit erschlossen wird.[149]

Die Frage nach Bedingungen der Möglichkeit der Erkenntnis erfährt in der Schlusslehre ihre Antwort, denn die drei Schlüsse (Deduktion, Induktion, Abduktion) bilden eine selbstregulative Einheit, als welche die Letztbegründung oder das (unbedingte, allgemeine, gesetzartige) Prinzip aller Prinzipien oder die Regel

---

Begriff, sondern das intelligible Substrat *aller* Vermögen und Begriffe. Vgl. K. W. Zeidler, Die transzendentale Geschichte des Ichs, Deduktion und Schematismus der reinen Verstandesbegriffe, Wiener Jahrbuch für Philosophie XVIII (1986), S. 95 bis 125.

Zum Münchhausen-Trilemma vgl. H. Albert, Traktat über kritische Vernunft, Mohr, Tübingen 1968; vgl. K. R. Popper, Die beiden Grundprobleme der Erkenntnistheorie, Mohr, Tübingen 1979.

[148] Schlusslogische Letztbegründung, Festschrift für Kurt Walter Zeidler zum 65. Geburtstag, hrsg. von L. M. Rendl und R. König im Jahr 2020 bei Peter Lang in Berlin. Wird die Dreieinigkeit des Schlusses zerrissen, so ist die Folge: Prinzipienantinomie; nur in ihrem Zusammenhang sind die drei Schlüsse letztbegründend, *denn* einander stützend. Vgl. K. W. Zeidler, Zeichen und Schluss: Peirce und Hegel, Vortrag aus dem Jahr 1989 auf dem 2. österr. Kongress für Philosophie in Wien, in: L. Nagl, E. List, J. Bernhard und G. Withalm (Hrsg.), Philosophie und Semiotik, ÖGS, Wien 1991, S. 153 bis 165; Zeidler, Die Kopernikanische und die semiotische Wende der Philosophie, in: prima philosophia, Junghans, Band 9, Heft 4 (1996), S. 377 bis 398.

[149] Fälle müssen als Anwendungsfälle der Regel erschlossen sein, damit induktiv auf eine Regel geschlossen und deduktiv darunter subsumiert werden kann: Der abduktive Schluss exemplifiziert die Regel, indem er etwas (begrifflich; durch [intensional] Allgemeines, das als wesentliche Bestimmung fungiert) als Fall der Regel identifiziert. Vgl. K. W. Zeidler, Vermittlungen, Zum antiken und neueren Idealismus, Ferstl & Perz, Wien 2016, S. 109 ff. – Syllogismus est principium Idealismi.

zur Regeletablierung gedacht werden muss – als drei logische Grundhandlungen:

Eine Regel wird exekutiert, indem der Fall unter diese Regel subsumiert wird; sie wird formuliert, indem Anwendungsfälle antizipiert werden; ein Fall wird als Anwendungsfall identifiziert – in *diesem* Sinne *ver*teilt sich alle Staatsgewalt auf Exekutive, Legislative und Judikative als drei Funktionen des Staates.[150]

---

[150] Vgl. K. W. Zeidler, Grundlegungen (2016), S. 19 ff. – Das Prinzip *aller* Prinzipien werde als ein selbstreflexives gedacht, begründendes und sich selbstbegründendes Denken. Die Frage, *wie* Letztbegründung gedacht werden kann, laufe auf die Frage hinaus, wie *Denken* gedacht werden kann; wie Regeln *überhaupt* aufgestellt und auf konkrete Fälle angewendet werden können.

Diese Frage sei zwar im Zentrum von I. Kants erkenntniskritischen Überlegungen gestanden, von ihm jedoch unter strikt urteilslogischen Vorgaben verkürzt diskutiert worden, denn das *Urteil* sei die logische Form der Gegenstandsbestimmung, hingegen der *Schluss* die logische Form der Begründung.

Die schlusslogische Letztbegründung widerspreche dem logischen Formalismus, der Logik auf Kalküle reduziere, dem Rationalismus, der unter Erkenntnis ein Gefüge klarer und distinkter Begriffe verstehe, dem Empirismus, der die Fälle der Regelanwendung für gegeben halte sowie dem Nominalismus und dem zweistelligen repräsentationstheoretischen Zeichenmodell (S. 51).

Die drei Schlüsse vertreten nach K. W. Zeidler, Anm., in: FS Zeidler, S. 596, den Anspruch der Vernunft auf Unbedingtheit, Allgemeinheit und Gesetzmäßigkeit. Er versteht seine Letztbegründung als Lehre von logischen Grundhandlungen, die *jegliches* Selbst- und Weltverständnis fundieren; FS Zeidler, S. 598; krit. G. Edel, Zur Frage der Einheit der Vernunft, Kurt Walter Zeidlers schlusslogische Alternative zu Kant und Cohen, in: FS Zeidler, S. 189 bis 209.

Gesetzgebende, rechtsprechende und vollziehende Gewalt sind nach *Reiner* Rechtslehre staatliche Funktionen. Vgl. H. Kelsen, Die Lehre von den drei Gewalten oder Funktionen des Staates, Festschrift zu Kants 200. Geburtstag, Archiv für Rechts- und Wirtschaftsphilosophie, Berlin, XVII. Band, 1923/24, S. 374 bis 408.

2.

Rück*halt* gibt die Vernunft der Begründung *als Haltung*, die zur schlusslogischen Letztbegründung anhält, welche die induktiv bewährte Faktizität, die deduktiv stabilisierte Gültigkeit und die abduktiv bezeugte Geltung so umschließt, dass sich Wahrheit aus Wahrhaftigkeit ergibt.[151]

Der Objekt-, Sprach- und Subjektbezug der Erkenntnis weist mit ihrem Ergebnis aus, was es *wirklich* gibt: Zustände, die als werthafte erlebbar, Umstände, die als repräsentative erfahrbar und Gegenstände, die als subsumierbare *an*erkennbar sind.[152]

---

[151] Nach K. W. Zeidler umschließt *Wahrheit* das empirisch Zutreffende, das formal Richtige und das Geltende. Vgl. Zeidler, Die Heautonomie der Vernunft, in: Aufhebung der Transzendentalphilosophie? hrsg. von T. S. Hoffmann und F. Ungler, Königshausen & Neumann, Würzburg 1994, S. 25 bis 39; und S. Mathisen, Vernunft als Grund, Zu Zeidlers *Vermittlungen* und *Grundlegungen*, in: FS Zeidler, S. 17 bis 31; Zeidler, Anm., in: FS Zeidler, S. 579 f.; sowie Zeidler, Vernunft und Erfahrung, Untersuchungen zum Erkenntnisproblem in Philosophie und Wissenschaftstheorie, Habilitationsschrift, Universität Wien 1986.

Der Hinweis auf Wahrhaftigkeit erfolgte, um zu betonen, dass keine Wahrheit unhinterfragbar, keine Erkenntnis absolut sicher ist, sondern auch die wissenschaftliche – der Wahrheit aus der Vernunft als Haltung heraus verpflichtete – Erkenntnis ein *gewagter* Versuch angemessener Formulierung des Realen bleibt, der auf künftige Verlässlichkeit jetzt schon *verpflichtet*, *obwohl* er unabschließbar ist (kognitive Erwartung). Vgl. P. Zeillinger, Dekonstruktive Bibellektüre, Aufmerksamkeit für die Textualität monotheistischer Schriften, in: U. Roth und J. Seip (Hrsg.), Schriftinszenierungen, Festgabe für G. Ulrich und E. Garhammer zum 65. Geburtstag, Don Bosco, München 2016, S. 143 bis 164.

Die Wissenschaft ist in der Geschichte der Vernunft begründet, vgl. S. N. Sckell, Bourdieus juridisches Feld: Die juridische Dimension der sozialen Emanzipation, in: S. Buckel et al. (Hrsg.), Neue Theorien des Rechts, 3. Auf. (2020), S. 243 bis 260 (256). Vor *diesem* Hintergrund verwundert nicht, was K. Jaspers festhielt: dass es in der Philosophie keine Einmütigkeit des endgültig Erkannten gebe; Jaspers, Einführung in die Philosophie, Piper, 32. Auflage, München/Berlin 2017.

[152] *Wer* Identität ohne Seiendes, ohne Objekte; Sein nur als *möglichen* Begriff denkt, wider*spricht* der Realität und zeigt *so* auf, dass Wissen nicht allein Objekt- (Sach-), sondern auch Sprach- und Subjektbezug

Das Subjekt kann insofern subsumieren, als es beobachtet: über Umstände *nach*denkt und Objekte *wieder*erkennt, die es insoweit *wahr*nimmt, als es die Regeln und Fälle nach *vollzieht*, indem es am sozialen Leben teilnimmt und *so* Anteil am *Gehalt* der Sprache hat, deren *Sinn* es begreift, wenn und weil es sich als die von jeder nachhaltigen Störung der bewährten Ordnung *betroffene* Instanz situativ als zuständig erweist, (unabhängig) darüber zu entscheiden, was den Fall *wesentlich* bestimmt.[153]

Die wesentliche Bestimmung eines Falles heißt die *Regel* für den Fall, sohin ist *sie* das durch ihn repräsentierte Allgemeine oder jenes, worunter dieser Fall subsumierbar ist, welcher ein Zustand, ein Umstand oder ein zum Zwecke seiner Subsumtion konstruierter Gegenstand sein kann.[154]

---

hat. Ein Objekt ist räumlich und zeitlich dimensioniert und *so* gedacht, dass es unterscheidbar ist (dieses, nicht jenes; solches, nicht anderes) – in *nachträglicher* Zuordnung.

Vgl. K. W. Zeidler, Grundriß der transzendentalen Logik, Junghans, Cuxhaven 1992, §§ 17, 19, 20, 21 und 23; K. Gloy, Phänomenologische Begründung von Raum und Zeit, in: FS Zeidler, S. 471 bis 498; R. Breil, Grundlagen und Methoden wissenschaftlicher Erkenntnis, Zu Kur Walter Zeidlers Prolegomena zur Wissenschaftstheorie, in: FS Zeidler, S. 499 bis 517; E. Oeser, Der Kreislauf wissenschaftlicher Erkenntnis, in: FS Zeidler, S. 519 bis 536; H. Klein, Schlusslogische Letztbegründung in Leibniz` monadologischem System, in: FS Zeidler, S. 537 bis 548; Th. Knoppe, Der Haltepunkt des Begründens und der Ausgangspunkt des Beweises, Zur Disposition der Existenzphilosophie Kurt Walter Zeidlers, in: FS Zeidler, S. 163 bis 188.

[153] Vgl. K. W. Zeidler, Anm., in: FS Zeidler, S. 584; krit. W. Schmied-Kowarzik, Zur widerspenstigen Affinität von Denken und Sein, in: FS Zeidler, S. 113 bis 141.

[154] K.W. Zeider, Anm., in: FS Zeidler, S. 607.

Dem *Begriff* kommt die Funktion zu, Gegenstände (Objekte) zu bezeichnen, *indem* er sie in Sachzusammenhängen darstellt und Sinnzusammenhänge ausdrückt; *so* wahrt er die Einheit in der (sprachlichen) Bedeutung.[155]

---

[155] Nach K. W. Zeidler wahrt der Begriff als das Subsumtionsallgemeine bei Bedeutungskonstanz, als das Repräsentationsallgemeine bei einer Bedeutungsverschiebung und als das Sinnallgemeine bei jeder neuen Bedeutungsgebung die Einheit der Bedeutung. In seiner Dissertation (Universität Wien, 1979) zur Logik des Erkenntnisprozesses unterstrich Zeidler die kompositive, repräsentative und propositive Funktion des Begriffs (S. 84 f.).

Gott, Welt und Seele als I. Kants Ideen der reinen Vernunft sind für Zeidler die Vergegenständlichung jener drei ursprünglichen Synthesis-Funktionen des Begriffs, die das Selbst- und Weltverständnis [*nicht* Gott] erschließen; und mit Blick auf welche der Universalienstreit zu lösen sei; auf drei Arten haben die Dinge Anteil an der Idee: Die in der Identifikation des Falles exemplifizierte Regel sei das *universale ante res*, die mit der Antizipation der Fälle formulierte Regel sei *universale in rebus* und die durch Subsumtion exekutierte sei *universale post res*. Vgl. Zeidler, Grundlegungen, S. 56 f.; H. M. Dober, Die Metapher der Höhle, Ihre Bedeutung für einen Begriff der Kultur, in: FS Zeidler, S. 549 bis 572; Zeidler, Anm., in: FS Zeidler, S. 573 bis 634 (574, 633).

Setzen wir den Begriff als Erkenntnis*grund*, so heißt er *Idee*, regulatives Prinzip.[156] Von Angesicht zu Angesicht setzt sich die Idee der Persönlichkeit im *Wagnis* der Abduktion durch; Person ist, wer normativ erwarten *darf*.[157] Persönlichkeit als Anrecht heißt *Würde* und ist der Inbegriff menschlicher Grundrechte.[158]

Die Einheit der drei Vernunftschlüsse *ermöglicht* ethisch haltbare Begriffs*bestimmung*.[159]

---

[156] K. W. Zeidler hob hervor, dass Sinnallgemeines nichts *formal* gültig erschließe, Repräsentationsallgemeines nicht formal gültig erschlossen werden könne. Vgl. Zeidler, Grundlegungen, S. 41 f. und S. 49 f. mit Blick auf die Figuren im aristotelischen Syllogismus, wonach Schlüsse der zweiten Figur negativ, solche der dritten Figur partikulär schließen; Sinneseindrücke, intuitive Einsichten oder angeborene Ideen schaffen keine Abhilfe. Die Gültigkeit von Ab- und Induktion wird *beansprucht*; vgl. L. M. Rendl, Transzendentalität als Verhältnis aller Verhältnisse und Konkretisierung alles Konkreten, in: FS Zeidler, S. 33 bis 112 (60).
[157] Vgl. K. W. Zeidler, Grundlegungen, S. 46, wie auch Zeidler, Bioethik, Synthesis Philosophica 46 (2/2018), S. 215 bis 223.
[158] Vgl. A. Verdross, Die Idee der menschlichen Grundrechte, Anzeiger der philosophisch-historischen Klasse der Österreichischen Akademie der Wissenschaften, Jahrgang 1954, Nr. 23, S. 335 bis 342; Verdross, Die Erneuerung der materialen Rechtsphilosophie, Zeitschrift für Schweizerisches Recht, 1957, S. 181 bis 213; Verdross, Die Würde des Menschen in der abendländischen Rechtsphilosophie, „Naturordnung", Festschrift für Johannes Messner, 1961, S. 353 bis 362.
[159] Vgl. K. W. Zeidler, Die Dialektik der praktischen Vernunft und ihre Maximen, in: H. Klein, J. Reikerstorfer (Hrsg.), Philosophia perennis, E. Heintel zum 80. Geburtstag, Teil I, Peter Lang, Frankfurt am Main 1993, S. 257 bis 276.

3.

Die schluss- geht in die urteilslogische Begründungslehre über, um am Satz der Identität, des Widerspruchs und am Satz vom ausgeschlossenen Dritten darzulegen, *wie* Begriffsbestimmung möglich ist.[160]

Meint das „ist" im Satz der Identität (A *ist* A) Existenz, so ist die *bloße* Möglichkeit der Bezugnahme als reine *Beziehung* von Denken und Sein angesprochen, mit dem „ist" der Prädikation wird A dadurch *bestimmt*, dass es „nicht Non-A" ist;

---

[160] Die *formale* Logik, im Grunde Urteilslogik, ist nach Zeidler keine des Denkens, Erkennens, sondern des Gedachten; so auch die Modallogik, temporale und deontische Logik. Vgl. K. W. Zeidler, Transformationen der Logik, Wiener Jahrbuch für Philosophie XIV (1981), S. 7 bis 22.

Das Urteil verweist auf seinen Gegenstand, das urteilende Subjekt und andere Urteile (Sprache), vgl. Zeidler in FS Zeidler, S. 585; krit. W. Flach, Geltungsnoematische oder geltungsparalysierende Letztbegründungslehre, in: FS Zeidler, S. 143 bis 161; C. Krijnen, Radikale Vermittlung, Über eine Lücke in Kurt Walter Zeidlers Letztbegründungslehre, in: FS Zeidler, S. 275 bis 298; R. König, Syllogistik und Dialektik bei Aristoteles und Platon, Zu Zeidlers Weiterentwicklung aristotelischer Logik, in: FS Zeidler, S. 435 bis 456.

sprechen wir den Satz vom Widerspruch: A „ist nicht" Non-A, so sagen wir, der *Wider*spruch sei *ver*botenen, jedoch *ge*bieten wir ihn, falls wir sagen: A „ist" nicht Non-A, da „nicht Non-A" *als* die Bestimmung von A *zu* B geworden ist – différance.[161]

---

[161] Auf die transzendentale Dialektik folgt die transzendentale Analytik. Krit. M. Bunte, Vernunfteinheit und Architektonik, Zum Verhältnis von Transzendentaler Analytik und Dialektik bei I. Kant und K. W. Zeidler, in: FS Zeidler, S. 211 bis 226; R. Hiltscher, Die drei Grundsätze der Wissenschaftslehre von 1794/95 als geltungsfunktionale Letztbegründungsreflexion, in: FS Zeidler, S. 227 bis 248.

Das *Ich* als A kann *sich* nur im Aufschub und Unterschied *zu* sich selbst – Nicht Non-A; B – *auf* sich selbst als dasselbe beziehen, was an différance bei J. DERRIDA denken lässt. Zur Einführung: S. Lüdemann, Jacques Derrida, Junius, 3. Auflage, Hamburg 2017, Kap. 2.

Es geht hierbei aber *nicht* um ein Verschieben auf später, sondern um die Wahrnehmung von Nachträglichkeit und das Wagnis, Zukunft zu entwerfen, die sich *jetzt schon* auswirkt. Vgl. P. Zeillinger, Zur Textualität von Geschichte: Grammatologie, différance und die Kluft der Spur, Vortrag vom 2. 12. 2017 am Institut für Philosophie der Universität Wien, Zur Aktualität der Dekonstruktion (50 Jahre Derridas *Grammatologie*), Schriftfassung des Vortragenden.

Der Neologismus „différance" (mit a statt mit e) markiert eine nicht als solche in Erscheinung tretende ursprüngliche Differenz, die sich „als Konsequenz im Sinne einer letzten Nicht-Ursprünglichkeit oder responsiven Nachträglichkeit allen Denkens und Handelns innerhalb der Reflexion selbst aufdrängt"; sie weist einen unhintergehbaren Aufschub jeder Rede von einem Ursprung aus, eröffnet „konkrete Differenzen im Sinne einer Pluralität als solche" und ermöglicht es, „jede hierarchische Herrschaft als Konstrukt, d.h. als Negation oder Verdrängung dieser ursprünglichen Nachträglichkeit" zu entlarven – vgl. Zeillinger, Jacques Derrida, in: A. Pelinka und D. Wineroither (Hrsg.), Idee und Interesse II, Politische Ideen und Gesellschaftstheorien im 20. Jahrhundert, Braumüller, Wien 2007, S. 301 bis 321 (308).

Vor aller Erfahrung kann der Inbegriff des Anderen nur *im* Selben sein; *so* dekonstruiert das offene Ich ein ausgrenzendes Selbst.[162]

Das Sein *ohne* Seiendes wird als *bloßes* erlebt – als Zustand, Betroffen*sein*: als *Sich* (mich).[163] Wohl setzt (positioniert) sich das Ich als Selbst, Souverän, bleibt aber im Angesicht der Spur einer *anderen* Person, die sich als Irritation (Störung) ereignet, *ab*gesetzt, *ohne* Selbst, mithin: ausgesetztes Subjekt, denn die *Gleich*ordnung in aller *sozialen* Beziehung setzt sich durch, sie erhebt sich *über* m*ich*.[164]

---

[162] Zur Annäherung an *das* Andere vgl. B. Klun, Der Tod als Grenze: Zu einer Schlüsselfrage von Emmanuel Levinas, Prolegomena 6 (2) 2007, S. 253 bis 266. Es geht um die Wahrnehmung und Anerkennung „einer Alterität *jenseits-des-Seins*, die der Selbstbestimmung des Ich die Gewissheit seiner selbst nimmt", wie P. Zeilliger sagte: »eins, zwei, viele ...« - oder: Ohne Selbst, aber in Gemeinschaft, in: M. Flatscher/S. Loidolt, Das Fremde im Selbst – Das Andere im Selben, Königshausen & Neumann, Würzburg 2010, S. 225 bis 247 (231).

Die *spurhafte* Erfahrung des Anderen begründet bei E. Levinas nach Zeillinger keine Gewissheit, kein Wissen, womit oder als welches sich das Subjekt identifizieren könnte. Bringe man sich selbst als *Zeugen* der Alteritätsbeziehung zum Ausdruck und werde in der Ordnung des Seins gleichwie zum Stellvertreter, so eröffne das aber die *Möglichkeit*, vom Subjekt, von nicht mit sich selbst identischer Identität und vom Anderen-im-Selben zu sprechen (231 f.).

Jede Bestimmung des Anderen müsse offen und Offenheit zugleich Bestreitung derselben sein – was verbleibt, sei der Diskurs als *Geste* des Zeugnisses (243 f.).

[163] EMMANUEL LEVINAS unternahm es, das Sein *nicht* vom Seienden her zu verstehen, sondern im Aufbegehren als reines *Da*sein, nacktes Sein, mit dem es irgendetwas auf sich hat (frz. *il y a*); wie bei Schlaflosigkeit, die die Grundlegung (Setzung) veranschauliche, in der sich ein Subjekt (objektlos) bestätige. Vgl. Levinas, Ausweg aus dem Sein: De l'évasion, F. Meiner, Hamburg 2005.

[164] Aus dem *il y a* könne man – so Levinas – nur im *Akt der Absetzung* der eigenen Souveränität heraustreten, welcher die soziale Beziehung zum Anderen (Autrui) sei: selbst-lose (nicht auf sich selbst bezogene, dés-inter-essé) Beziehung. Vgl. E. Levinas, Vom Sein zum Seienden,

Im Satz der Bestimmbarkeit (A ist *B*) wird das B für A zum jeweils anderen, zum Ausdruck der Beziehung – *so* gibt es kein Objekt ohne Eigenschaft, nicht Substanz ohne Akzidens;[165]

K. Alber, Freiburg 2008; E. Levinas, Die Zeit und der Andere, F. Meiner, Hamburg 2003.

Das Wort *Spur*, das Levinas gebraucht hat, umschrieb P. Zeillinger als Störung der Ordnung, die sich auch nachträglich nicht bruchlos in die phänomenale Ordnung integrieren lasse, vgl. Zeillinger, Der Ort der Zeit, Auf dem Weg zu einer politischen Phänomenologie, in: Th. Bedorf und G. Unterthurner (Hrsg.), Zugänge, Ausgänge, Übergänge, Konstitutionsformen des sozialen Raums, Königshausen & Neumann, Würzburg 2009, S. 107 bis 119.

Die Betonung des „über" und im Wort „mich" des „ich" spielt auf das *Überich* der Psychoanalyse von und nach Sigmund Freud an, vgl. H. Pačić, Philosophie des Psychischen, Vom Abriss der Psychoanalyse zur Zukunft einer Illusion, BoD, Norderstedt 2020. Zu den Psycho- und Neurotheorien des Rechts: M. Gruber in: S. Buckel et al. (Hrsg.), Neue Theorien des Rechts, 3. Aufl. (2020), S. 283 bis 299.

[165] Vgl. H. Wiedebach, Widerspruch und Identität bei Cohen und Hegel, Schutz des Denkens vor Selbstvernichtung, in: FS Zeidler, S. 297 bis 306; M. Gottschlich, Welche Implikationen hat formale Logik für die Bestimmung der Normativität und der Freiheit? in: FS Zeidler, S. 307 bis 344; und T. S. Hoffmann, Kants „Kontextualismus", Zur Logik des Machens der Erfahrung nach Kant, in: FS Zeidler, S. 345 bis 362.

keine Identität ohne *Alterität* – das Subjekt erlebt sich als *an*gesprochen, eingesetzt: Beziehung ist *vor* der Erfahrung.[166]

---

[166] Zum Ansatz von E. Levinas und J. Derrida: M. Flatscher, Was heißt Verantwortung? Zeitschrift für Praktische Philosophie Bd. 3, H. 1, 2016, S. 125 bis 164, der sagte, dass das Subjekt nicht frei und zurechenbar sein müsse, um Verantwortung übernehmen zu können, denn *Freiheit* und *Zurechenbarkeit* zeigen sich im (Er-)Finden des Umgangs mit dem (Ver-)Antworten-müssen (S. 143). Für die Konstituierung des Subjekts sei die Verortung in einem widerstreitenden Anspruchsfeld vonnöten, denn aus und in ihm breche die Notwendigkeit auf, „auf konfligierende Appelle zu antworten und damit Urteile zu fällen, diese begründen und rechtfertigen zu müssen, ja ein Maß zu (er-)finden", es konstituiere sich also, indem es nach bestem Wissen und Gewissen Gerechtigkeit ins Werk zu setzen versuche und für diese Entscheidung fortan einzustehen habe (S. 150). Er betonte Singularitätssensibilität *bei* Universalisierbarkeit: jede institutionalisierte Ordnung müsse unter Berufung auf die Situation, das je singuläre Anspruchsgeschehen, kritisierbar und revidierbar bleiben (S. 160 f.).

S. Seitz, Gerechtigkeit, ethische Subjektivität und Alterität, Zeitschrift für Praktische Philosophie Bd. 3, H. 1, 2016, S. 165 bis 202, machte darauf aufmerksam, dass sich bei Levinas die Subjektwerdung im Angesicht der Forderung nach Gerechtigkeit *vor* aller Zweckrationalität und gemeinschaftlichen Teilhabe vollziehe (S. 167 f.). Subjektivität müsse sich *als* vom Anderen eingesetzte und diesem ausgesetzte begreifen (S. 173). Alterität könne allerdings „nicht ‚bewiesen', sondern nur ‚bezeugt' werden," „in einer Sprache, die darum ringt, dieser Alterität ‚gerecht' zu werden" (S. 175). Zum vernünftigen Ringen um die Gerechtigkeit vgl. H. Pačić, Die Rechtsethik der Rechtschaffenen, JRP 2019, S. 10 bis 23.

E. Levinas sah sich mit der Frage befasst, wie *der* Andere *gedacht* werden kann, ohne ihn seiner Andersheit zu berauben, da er *wie ein Objekt* (physisch) erscheint. Er stellte fest, dass von Metaphysik nur insofern die *Rede* sein könne, als es um Machtlosigkeit bzgl. Alterität geht. In uns sei die Idee des *Un*endlichen hineingelegt, ein Begehren ohne Befriedigung, das al*so* des Anderen Exteriorität verstehe; es gehe nicht um Wissen, sondern um Beziehung zum *absolut* Anderen, zumal das Subjekt – Ich *nicht* transzendieren könne, weil es sich selbst in der Transzendenz mitnehmen würde. Der Andere (wohl als metaphysische Person) sei stets mehr als das, was erkennbar sei, bleibe unverfügbar, sodass seine Andersheit hinsichtlich meiner Immanenz eine Transzendenz bedeute, absolut sei, keine Totalität zulasse.

Vgl. E. Levinas, Totalität und Unendlichkeit: Versuch über die Exteriorität, K. Alber (Studienausgabe), Freiburg 2014. Er dachte Identität des Subjekts offen für das Erfassen des Unfassbaren; Lesen (Hören, Vernehmen, Empfangen) des Sagens, das sich im Gesagten ausdrückt; das *Antlitz*, das sich im Gesicht zeigt, denn wie im Gesagten das Sagen, so sei ihm Gesicht das Antlitz *nahe*. Das Subjekt verstand er nicht von der Gattung, einem Wesen oder seinem (Selbst-)Bewusstsein, sondern vom Anderen (Absoluten) her, als der-Andere-im-Selben, wodurch das Subjekt, das sich als *Erstes* setzt, von dem, was über es hereinbricht, zum *Zweiten* abgesetzt wird: Das Ich erlebt sich insofern als *Ich*, als es vom Anderen *betroffen* ist. In der Niederlegung des auf das Endliche Bezogenen; in der Positivität des Unendlichen sah er verantwortete Annäherung an jenen, von dem der-Selbe immer angesprochen war. Sensibilität, Empfänglichkeit für Alterität sei *eigentliche* Subjektivität des Subjekts: *Stellvertretung* für den Anderen.

Die subjektive Freiheit sei keine der Initiative (Aktion), sondern der Reaktion: Es ist an *mir*, ich *muss* mich *selbst* setzen, um mich absetzen zu können, mich zum Anderen in *Nicht-Indifferenz* (nicht gleichgültig) zu verhalten − ich *verantworte* Verhalten: nicht weil ich *Mensch* bin, sondern weil ich *das* Andere in Person: Andere als Menschen erkenne, die mich *so* zu ihrem *Mit*menschen machen, ich *sie* also nicht *ver*kenne, sondern in ihrer Andersheit *an*erkenne, *mich* nicht aufdränge, sondern jede und jeden *sich* entfalten lasse. Vgl. E. Levinas, Jenseits des Seins oder anders als Sein geschieht, K. Alber, 3. Auflage, Freiburg 2011.

E. Levinas führte aus, wie sich *im* Sein die enthüllte Transzendenz in Immanenz verwandelt, das Außerordentliche in eine Ordnung fügt, das Andere im Selben aufgehoben wird, *aber* eine *Spur* verbleibt: die Störung der Ordnung der Welt, *wie* eine nicht reduzierbare Verwirrung. Er nannte die Weise des (absolut) Anderen, in Erscheinung zu treten, das *Rätsel* (Enigma). Andersheit offenbare sich im Antlitz, das *sich* von Angesicht zu Angesicht ausdrücke. Die Andersheit sei derart erfahrbar. Die die Ordnung verwirrende Alterität könne nicht auf die Differenz zurückgeführt werden − im Ver*gleich*. Obgleich sich die Verwirrung als Dazwischenkunft ereigne, bedürfe es hierzu eines Fremden, der gewiss komme, aber fort sei, bevor er angekommen sei − los-gelöst: ab-solut in seiner Manifestation. Vgl. E. Levinas, Die Spur des Anderen, K. Alber, Freiburg 2012; ders., Humanismus des anderen Menschen, F. Meiner, Hamburg 2005. Das absolut Andere kann für Levinas nicht als solches, sondern nur als konkreter Anderer gefasst werden, der gleichwohl die Ordnung des Seins übersteigt. Vgl. P. Zeillinger, Phänomenologie des Nicht-Phänomenalen, Spur und Inversion bei Emmanuel Levinas, in: M. Blaumauer/W. Fasching/M. Flatscher (Hrsg.), Phänomenologische Aufbrüche, Peter Lang, Frankfurt am Main 2005, S. 161 bis 179 (169).

Wer sich von der Alterität her versteht, hält fest an der Nähe (Gemeinschaft); an der Vulnerabilität (Ausgesetztheit), welche Erfahrung überhaupt ermöglicht.[167]

Für J. Derrida und A. Badiou wird Subjektivität (Subjekt-Werdung), wie Zeillinger liest, nur am gelebten Zeugnis der spurhaften Erfahrung eines geschichtseröffnenden differanten Ereignisses erkennbar. Vgl. P. Zeillinger, Zeugnishaftes Subjekt, in: M. Zichy/H. Schmidinger (Hrsg.), Tod des Subjekts? – Tyrolia, Innsbruck 2005, S. 243 bis 262.

[167] E. Levinas sprach von der Inversion des Seins zum *Zeichen*, meinte ein Bezeugen von *Beziehung*; die Verantwortung für den Anderen sei unmittelbar, gehe der Anfrage voraus, sei *Nähe*, welche gestört werde, problematisch werde mit dem Eintritt des Dritten. Vgl. P. Zeillinger in: Flatscher und Loidolt (Hrsg.), Das Fremde im Selbst – Das Andere im Selben, S. 235 f. und 240 ff.

Solange mir der Andere *in* der Welt begegne, sei die Differenz nicht spekulativ, sondern; so sagte B. Klun, *leiblich konkret*: als eine Nicht-Indifferenz der Nähe, die den Anderen zum *Nächsten* mache. Vgl. Klun, Andersheit und Verstehen, Eine hermeneutische Annäherung an Levinas, Synthesis Philosophica 67 (1/2019), S. 141 ff. (150). Vgl. auch die Einleitung von L. Wenzler zu: E. Levinas, Humanismus des anderen Menschen, F. Meiner, Hamburg 2005.

Körperlichkeit (Leiblichkeit) zeigt sich *als* und *in* der Vulnerabilität. Vgl. P. Zeillinger, Nachträgliche Humanität und der Ansatz zur Gemeinschaft beim späten Levinas, in: Den Menschen im Blick, Phänomenologische Zugänge, Festschrift für Günther Pöltner zum 70. Geburtstag, hrsg. von R. Esterbauer/M. Ross, Königshausen & Neumann, Würzburg 2012, S. 89 bis 108; F. Pistrol, Vulnerabilität, Erläuterungen zu einem Schlüsselbegriff im Denken Judith Butlers, Bd. 3 H. 1 der Zeitschrift für Praktische Philosophie, 2016, S. 233 bis 272.

Für Levinas ist die sinnliche Erfahrung des Leibes von allem Anfang an *inkarnierte* Erfahrung: Ich bin dem Anderen gegenüber *ausgesetzt*; das Leibliche ist Ort der Begegnung, *Empfänglichkeit*. Vgl. die „bodily ontology" bei J. Butler, z. B. in: Raster des Krieges, Warum wir nicht jedes Leid beklagen, Campus, Frankfurt am Main 2010, Einleitung.

B. Klun, Synthesis Philosophica 67 (1/2019), S. 151 ff., nahm eine „Rückführung der ethischen Bedeutung des *Gesichts* bei Levinas auf die intentionale Offenheit des Subjekts bzw. des Bewusstseins, das sich für diese Bedeutung zuallererst öffnen muss" vor, indem er fragte, *wie* ich mich öffnen muss, damit mich in phänomenale „Erscheinung des Gesichts", das mich immerzu anspricht, „seine *unendliche ethische Bedeutung* ‚treffen' und betreffen kann"; indem er das sich *so* bildende Verstehen als ein solches sah, das den Anderen *als Anderen* versteht.

Solcherart, so sagte er, „treffen sich die ontologische und die ethische Dimension." Der ontologische Horizont sei nun keine Totalität, sondern Suche nach derjenigen Modalität des Seins, die mir die „Wahrheit" des Anderen erscheinen lasse – „die ethische Bedeutsamkeit, die an die äußerste Grenze des Verstehens und des Seins stößt."

B. Klun, „Bin ich der Hüter meines Bruders?", öarr 2008, S. 399 ff. (407), hat dies wie folgt erläutert: „Auch wenn ich den Anderen meiner Macht unterwerfe, [...], so verfüge ich dennoch nicht völlig über ihn. Trotz seiner vermeintlichen Ohnmacht bleibt er mir gegenüber transzendent – er leistet einen ethischen Widerstand, den ich nie beugen kann. Die Ethik übersteigt die Ordnung des Seins (Ontologie). Die Macht des Antlitzes geht Hand in Hand mit der grundsätzlichen Ohnmacht des Anderen, mit seiner Nacktheit, Verwundbarkeit und Zerbrechlichkeit. Das ethische Geschehen verbindet damit auf sonderbare Weise das Bitten und Gebieten." Der ethische Anspruch des Anderen sei ein Verbot des Tötens und zugleich die Aufforderung, auf seine Not und Bedürftigkeit zu antworten. Das Gebot, das sich hier ausspreche, rufe mich zu einer Antwort auf, ethisch verstanden zur Verantwortung, wobei diese aus einer ursprünglichen Situation heraus erwachse, in der ich mich immer schon befinden; der ich mich nicht entziehen könne. Die Zumutung der Unendlichkeit der Ethik an den berufenen endlichen Menschen offenbare die unendliche Menschenwürde (S. 409).

P. Zeillinger, Nachträgliche Humanität und der Ansatz zur Gemeinschaft beim späten Levinas, in: Esterbauer und Ross (Hrsg.), Den Menschen im Blick, FS für Günther Pöltner, Königshausen & Neumann, Würzburg 2012, S. 89 bis 108, erläutert das Verständnis des Menschen bei E. Levinas wie folgt: Die Bestimmung des Menschen begründe sich aus der ethischen Beziehung als einer der radikalen Alterität. Das Ich erfahre sich in dieser Alteritätsbeziehung dem Anderen gegenüber als nachträglich. Der oder das Andere begegne aus einer unvordenklichen Vergangenheit, die durch keine Erinnerung eingeholt werden könne. Obwohl der Andere unendlich getrennt sei von jeder Vergleichbarkeit mit dem Ich, berühre, störe, beunruhige, gehe er mich jedoch an. Der Andere-im-Selben werde zum an-archischen, nicht grundhaften Grund der Rede vom Ich (vom Anderen her). Von einem Anderen betroffen sein können, bedeute: einen Leib haben (Sensibilität, Empfänglichkeit; sinnliche Erfahrung des Leibes sei immer schon inkarnierte Erfahrung). Das leibliche Subjekt sehe sich dem Anderen also ausgesetzt. Ich fände mich ob dieser Erfahrung in einer Situation der Singularität; Einzigkeit, des Gerufen-seins. Das Subjekt sei sohin diejenige *Instanz*, die zu einer Umkehrung der Beziehung zum Sein gerufen werde – sie werde dazu gerufen, die Seins-ordnung in eine ethische Beziehung zu verwandeln: als zeugnishaftes Subjekt, wobei sein Zeugnis auf *performative* Weise

Vor dem Wissen ist das *Ge*wissen, der soziale *An*spruch –
Moral ist Humanität, das ist: die Geltung (getreues Bezeugen)
von Achtsamkeit als *Grund* für die Gültigkeit von Normen.[168]

---

von der Alteritätsbeziehung zeuge. Das Ich müsse also Verantwortung
gegenüber Ansprüchen übernehmen, mit denen es konfrontiert werde.
Mensch sei nach alledem bei Levinas nicht durch ein *Wesen* bestimmt,
sondern durch eine Verantwortung für seine Antwort(en).

[168] Vgl. allg. E. Buddeberg, Ethik und Politik im Anschluss an Levinas,
Zeitschrift für Praktische Philosophie, Bd. 3 H. 1 im Jahr 2016, S. 93
bis 124; M. Huth, Reflexionen zu einer Ethik des vulnerablen Leibes,
Zeitschrift für Praktische Philosophie, Bd. 3, H.1, 2016, S. 273 bis 304.

E. Levinas stellte den Staat, der aus dem Bedürfnis der Begrenzung
von Gewalt infolge eines Krieges aller gegen alle, wie T. Hobbes lehrte,
jenem entgegen, der aus der Begrenzung unendlicher Verantwortung
hervorgeht, und unterscheid zwischen dem Staat, der auf Gewalt fußt,
und dem Staat, den messianischer Friede antreibe, und entsprechend
den Frieden (nur) im verneinenden (d. h. kein Krieg) und jenen (auch)
im (Nähe, Verantwortung) bejahenden Sinne. Vgl. E. Levinas, Frieden
und Nähe (1984), in: ders., Verletzlichkeit und Frieden, Schriften über
die Politik und das Politische, hrsg. von Delhom und Hirsch, Diaphanes,
Zürich 2007, S. 137 bis 149. *Nicht* gemeint ist, dass ich Verantwortung
in der Tat teilen muss, sie mir aber bleibt, sondern eine Verteilung in
Geschwisterlichkeit, Solidarität in der Loyalität zur Alterität.

B. Klun, äarr 2008, S. 412, schloss: „Wie meine Verantwortung für
den Anderen niemals am Ende [...] ist, wird auch der Staat geleitet von
einer nie endenden Suche nach Frieden und Gerechtigkeit, [...]. Eine
Ethik, in der nicht das Ich im Zentrum steht, ist notwendigerweise
fremdbestimmt. Der Fremde, der mich ethisch bestimmt, hat jedoch
ein Antlitz und ist immer schon mein Nächster, jemand, für den ich
verantwortlich bin.‟

Im Satz vom zureichenden Grund (wenn B, dann Non-B) geht es um das Verhältnis von Grund und Folge: darum, dass jede Bestimmung negiert werden kann, weshalb es keine erste Ursache oder letzte Wirkung geben *kann,* dafür aber Fortschritt der empirischen Forschung, weil A stetig weiterer Bestimmung fähig bliebt – alles hat einen zureichenden, nichts einen *letzten* Bestimmungsgrund;[169] bei kognitiver Offenheit gibt es keinen Abschluss, und keine *End*gültigkeit von schlüssig begründeten Normen, denn es *bleibt* immerdar die Möglichkeit der kritischen Rückfrage nach ihrem Geltungs*grund.*[170]

Zuletzt weist der Satz vom ausgeschlossenen Dritten (A ist entweder B oder nicht, tertium non datur) die Wechselwirkung von A, B und Non-B aus, wobei sich B und Non-B *in* Bezug auf A unterscheiden, sodass der Satz bekundet, *dass* es des Dritten bedarf, um Vermittlung und Trennung; Synthesis und Analysis zu ermöglichen.[171]

---

[169] Krit. R. Meer, zwischen Bestimmungs- und Begründungstheorie, in: FS Zeidler, S. 363 bis 387.

[170] Vgl. P. Zeillinger, Recht gegenüber dem (herrschenden) Recht, Zur Geschichte und Bedeutung des Asyls, Vortrag vom 22. April 2016 an der Universität Wien, Tagung: Flucht und Asyl, Sozialphilosophische Perspektiven, Manuskript – die *vor*rechtliche Asylflucht: Hikesie, Asylie sei *Berufung* auf die Grundlage des Zusammenlebens, *Indikator* für ein Problem des gesellschaftlichen Zusammenhalts, *Anrufung* einer nicht identifizierbaren, sondern nur symbolisch repräsentierten Letztinstanz; ungeachtet aller Souveränität. Zur „leeren Stelle" der Souveränität vgl. P. Zeillinger, Repräsentation einer Leerstelle, oder: Auszug ins Reale, Interdisciplinary Journal for Religion and Transformation (2018), H. 7, S. 212 bis 282 (240 ff.).

[171] Vgl. H. Müller, Die ursprüngliche transzendentale Prinzipienfunktion der drei syllogistischen Dukte nach Zeidler im Zusammenspiel von formaler Logik und kategorialer Schematisierung, in: FS Zeidler, S. 389 bis 434.

Alterität ist *a priori* im Plural – Ethik und Politik sind Eins in der *Pflicht* zur rationalen Rechtfertigung: zur Gerechtigkeit, die zwar im Kommen bleibt, aber im Rechtsdiskurs gegenwärtig ist als *Kriterium* für Rechts*kritik*.[172]

---

[172] P. Zeillinger, Ethica 2003, S. 65, sprach von „Kriterien", die „keine letzten positiven Urteile erlauben oder nahelegen, aber so etwas wie die negative Gestalt eines Imperativs erkennen lassen, der auch letzte Verantwortung ermöglicht."

Angesprochen ist die *Notwendigkeit* fortwährender Verantwortung und die *Ausrichtung* des rationalen Diskurses. Vgl. R. Forst, Das Recht auf Rechtfertigung, Suhrkamp, Frankfurt am Main 2007.

Zu Beginn ging es um rationale *Begründung*, am Ende geht es um Rechtfertigung.

Literatur

Albert, Traktat über kritische Vernunft, Mohr, Tübingen 1968.

Alexy, Die Idee einer prozeduralen Theorie der juristischen Argumentation, Rechtstheorie, Beih. 2 (1981), S. 177 bis 188.

Alexy, Theorie der juristischen Argumentation, 8. Auflage, Suhrkamp, Frankfurt am Main 2015.

Austin, Lectures on Jurisprudence, The Philosophy of Positive Law, Henry Holt, gekürzt von Campbell, New York 1875.

Austin, The Province of Jurisprudence Determined, John Murray, London 1832.

Badiou, Das Sein und das Ereignis, diaphanes, Berlin 2005.

Badiou, Ethik, Versuch über das Bewusstsein des Bösen, Turia + Kant, Wien 2003.

Barišić, Ethisches Ideal der Demokratie, Zur Philosophie der demokratischen Erziehung J. Deweys, Synthesis Philosophica 49 (1/2010), S. 37 bis 56.

Barišić, Welche Gerechtigkeit bekommt der Demokratie? Synthesis Philosophica 42 (2/2006), S. 431 bis 459.

Buckel/Christensen/Fischer-Lescano (Hrsg.), Neue Theorien des Rechts, 3. Auflage, Mohr Siebeck, Tübingen 2020.

Buddeberg, Ethik und Politik im Anschluss an Levinas – Zwischen dem einen und den vielen Anderen? Zeitschrift für Praktische Philosophie, Band 2, Heft 1, 2016, S. 93 bis 124.

Butler, Raster des Krieges, Warum wir nicht jedes Leid beklagen, Campus, Frankfurt am Main 2010.

Damler, Rechtsästhetik, Sinnliche Analogien im juristischen Denken, Duncker & Humblot, Berlin 2016.

Derrida, Gesetzeskraft, Der „mystische Grund der Autorität" 8. Auflage, Suhrkamp, Frankfurt am Main 2017.

Dreier, Rezeption und Rolle der Reinen Rechtslehre, Festakt aus Anlaß des 70. Geb. von Robert Walter, Manz, Wien 2001.

Dreier/Paulsen (Hrsg.), G. Radbruch: Rechtsphilosophie, 2. Auflage der Studienausgabe, C. F. Müller, Heidelberg 2003.

Flatscher, Was heißt Verantwortung? Zeitschrift für Praktische Philosophie, Band 3, Heft 1, 2016, S. 125 bis 164.

Forst, Das Recht auf Rechtfertigung, Elemente einer konstruktivistischen Theorie der Gerechtigkeit, Suhrkamp, Frankfurt am Main 2007.

Globokar, Die Weltanschauung der Ehrfurcht vor dem Leben als Grundlage für eine globale Ethik, Synthesis Philosophica 53 (1/2012), S. 31 bis 50.

Gnaeus Flavius, Der Kampf um die Rechtswissenschaft, Carl Winter, Heidelberg 1906.

Gray, The Nature and Sources of the Law, Macmillan, New York 1921.

Griller/Rill (Hrsg.), Rechtstheorie, Rechtsbegriff – Dynamik – Auslegung, Springer, Wien 2011.

Habermas, Faktizität und Geltung, Beiträge zur Diskurstheorie des Rechts und des demokratischen Rechtsstaats, Suhrkamp, Frankfurt am Main 1992.

Hare, Meaning and Speech Acts (1970), in: Hare, Practical Inferences, University of California Press, Berkeley/Los Angeles 1972, S. 74 bis 93.

Hare, The Language of Morals, Clarendon, Oxford 1963.

Hart, Der Begriff des Rechts, Suhrkamp, 2. Auflage, Berlin 2018.

Höffe, Gerechtigkeit, Eine philosophische Einführung, C.H. Beck, 5. Auflage, München 2015.

Holzleithner, Gerechtigkeit, facultas, Wien 2009.

Huth, Reflexionen zu einer Ethik des vulnerablen Leibes, Zeitschrift für Praktische Philosophie Band 3, Heft 1, 2016, S. 273 bis 304.

Jahraus (Hrsg.), N. Luhmann: Aufsätze und Reden, Reclam, Stuttgart 2011.

Jaspers, Einführung in die Philosophie, Piper, 32. Auflage, München/Berlin 2017.

Kambartel (Hrsg.), Praktische Philosophie und konstruktive Wissenschaftstheorie, Suhrkamp, Frankfurt am Main 1974.

Kantorowicz, Aus der Vorgeschichte der Freirechtslehre, Erweiterter Text der Freiburger Antrittsrede vom 26. Juni 1925, Bensheimer, Mannheim 1925.

Kantorowicz, Der Begriff des Rechts, Vandenhoeck & Ruprecht, Göttingen 1963.

Kantorowicz, Max Weber, Logos XI (1922/23), S. 256.

Kantorowicz, Rechtswissenschaft und Soziologie, in: Verhandlungen des 1. deutschen Soziologentages vom 19. bis 22. Oktober 1910 in Frankfurt am Main, Mohr, Tübingen 1911, S. 275 bis 310.

Kantorowicz, Some rationalism about realism, Yale Law Journal, Bd. 43 (1934), S. 1240 bis 1253.

Kantorowicz, Staatsauffassungen, Jahrbuch für Soziologie I, Braun, Karlsruhe 1925.

Kantorowicz, The Concept of the State, Economica Nr. 35 (Feb. 1932), S. 1 bis 21

Kantorowicz, The Definition of Law, hrsg. A. H. Campbell, Cambridge University Press 1958.

Kantorowicz, Volksgeist und historische Rechtsschule, Historische Zeitschrift, Bd. 108, H. 2 (1912), S. 295 bis 325.

Kantorowicz, Zur Lehre vom richtigen Recht, Dr. Walther Rothschild, Berlin und Leipzig 1909.

Kantorowicz/Patterson, Legal Science – A Summary of its Methodology, Columbia Law Review, Bd. 28, Nr. 6 (1928), S. 679 bis 707.

Kelsen, Das Problem des Parlamentarismus, Soziologie und Sozialphilosophie, Schriften der Soziologischen Gesellschaft Wien, Heft III, Wilhelm Braumüller, Wien/Leipzig 1925.

Kelsen, Das Verhältnis von Staat und Recht im Lichte der Erkenntniskritik, Zeitschrift für öffentliches Recht, 2. Band, 1921, S. 463 bis 510.

Kelsen, Das Wesen des Staates, Internationale Zeitschrift für Theorie des Rechts, 1. Jahrgang, 1926/27, S. 5 bis 17.

Kelsen, Demokratie, Schriften der deutschen Gesellschaft für Soziologie, I. Serie, V. Band, Verhandlungen des Fünften Deutschen Soziologentages in Wien, Tübingen 1927, S. 37 bis 68 und 113 bis 118.

Kelsen, Demokratisierung der Verwaltung, Zeitschrift für Verwaltung, 54. Jahrgang, Wien 1921, Heft 1, S. 5 bis 15.

Kelsen, Der Begriff der Norm, Festschrift für Hans Carl Nipperdey, C.H. Beck, München/Berlin 1965, S. 57 bis 70.

Kelsen, Der Staatsbegriff und die Psychoanalyse, Almanach für das Jahr 1927, Internationaler Psychoanalytischer Verlag, Wien 1927, S. 135 bis 141.

Kelsen, Derogation, in: Die Wiener rechtstheoretische Schule, hrsg. von Klecatsky, Marcic und Schambeck, F. Steiner und Verlag Österreich, Wien 2010, Band II, S. 1169 bis 1180.

Kelsen, Die Funktion der Verfassung, Forum, XI. Jahrgang, 1964, Heft 132, S. 583 bis 586.

Kelsen, Die Grundlagen der Naturrechtslehre, Österreichische Zeitschrift für öffentliches Recht, Band XIII, 1963, Heft 1-2, S. 1 bis 37.

Kelsen, Die Idee des Naturrechtes, Zeitschrift für öffentliches Recht, 7. Band, 1927/28, S. 221 bis 250.

Kelsen, Die Lehre von den drei Gewalten oder Funktionen des Staates, Festschrift zu Kants 200. Geburtstag am 22. April 1924, Archiv für Rechts- und Wirtschaftsphilosophie, Berlin, XVII. Band, 1923/24, S. 374-408.

Kelsen, Die philosophischen Grundlagen der Naturrechtslehre und des Rechtspositivismus, Philosophische Vorträge, veröffentlicht von der Kant-Gesellschaft, Pan-Verlag Rolf Heise, Heft 31, Charlottenburg 1928.

Kelsen, Die platonische Gerechtigkeit, Kant-Studien, 38. Band, S. 91 bis 117.

Kelsen, Die Rechtswissenschaft als Norm- oder als Kulturwissenschaft, Eine methodenkritische Untersuchung, Schmollers Jahrbuch für Gesetzgebung, Verwaltung und Volkswirtschaft im Deutschen Reiche, 40. Jahrgang, 1916, S 1181 bis 1239.

Kelsen, Die Selbstbestimmung des Rechts, Universitas: Zeitschrift für Wissenschaft, Kunst und Literatur, 18. Jahrgang, 1963, Heft 10, S. 1087 bis 1095.

Kelsen, Existentialismus in der Rechtswissenschaft? Archiv für Rechts- und Sozialphilosophie 1957, 43. Bd., S. 161 bis 186.

Kelsen, Geschworenengericht und Demokratie, Das Prinzip der Legalität, Neue Freie Presse, Wien, Nr. 23128 vom 3. Feb. 1929, S. 2.

Kelsen, Gott und Staat, Logos, 11. Band, 1922/23, S. 261 bis 284.

Kelsen, Justiz und Verwaltung, Zeitschrift für soziales Recht, 1. Jahrgang, 1929, S. 1 bis 25.

Kelsen, Kausalität und Zurechnung, Österreichische Zeitschrift für öffentliches Recht, 6. Band, 1954, S. 125 bis 151.

Kelsen, La Doctrina del Derecho Natural y el Positivismo Juridico, Revista Juridica de Buenos Aires, 1961-IV, S. 7 bis 45.

Kelsen, Naturrecht und positives Recht, Internat. Zeitschrift für Theorie des Rechts, 2. Jahrgang, 1927/28, S. 71 bis 94.

Kelsen, Recht und Logik, Forum, Wien XII. Jahrgang, 1965, Heft 142, S. 421 bis 425 und Heft 143, S. 495 bis 500.

Kelsen, Recht und Moral, Estudios Juridico-Sociales, Homenaje al Profesor Luis y Lacambra, 1960, S. 153 bis 164.

Kelsen, Rechtsstaat und Staatsrecht, Österreichische Rundschau, 36. Band, 1913, S. 88 bis 94.

Kelsen, Reine Rechtslehre, 2. Auflage (1960), Nachdruck im Verlag Österreich, Wien 2000.

Kelsen, Staat und Recht, Zum Problem der soziologischen oder juristischen Erkenntnis des Staates, Kölner Vierteljahresschrift für Soziologie, Reihe A: Soziologische Hefte, 2. Jahrgang, 1922, S. 18 bis 37.

Kelsen, Staatsform und Rechtsform, Zeitschrift für öffentliches Recht, V. Band, 1925/26, S. 73 bis 93.

Kelsen, Staatsform und Weltanschauung, J.C.B. Mohr (Paul Siebeck), Tübingen 1933.

Kelsen, Über Grenzen zwischen juristischer und soziologischer Methode, in: Die Wiener rechtstheoretische Schule, hrsg. von Klecatsky, Marcic und Schambeck, F. Steiner und Verlag Österreich, Wien 2010, Band I, S. 3 bis 30.

Kelsen, Über Staatsunrecht, Grünhutsche Zeitschrift für das Privat- und öffentliche Recht der Gegenwart, A. Hölder, Wien 1914, 40. Band, S. 1 bis 114.

Kelsen, Vom Wesen und Wert der Demokratie, 2. Auflage, J.C.B. Mohr, Tübingen 1929, Nachdruck von Reclam, Stuttgart 2018, mit Nachwort von Zeleny.

Kelsen, Was ist die Reine Rechtslehre? in: Demokratie und Rechtsstaat, Festschrift für Zaccharia Giacometti, Zürich 1953, S. 143 bis 161.

Kelsen, Was ist ein Rechtsakt? Österreichische Zeitschrift für öffentliches Recht, Neue Folge, 4. Band, 1951/52, Heft 3, S. 263 bis 274.

Kelsen, Was ist Gerechtigkeit? (1953), Reclam, Stuttgart 2010, mit Nachwort von Walter.

Kelsen, Was ist Juristischer Positivismus? Juristen-Zeitung, 20. Jahrgang, August 1965, Heft 15/16, S. 465 bis 469.

Kelsen, Wer soll der Hüter der Verfassung sein? Die Justiz, 6. Band, 1931, S. 5 bis 56.

Kelsen, Wesen und Entwicklung der Staatsgerichtsbarkeit, Veröffentlichungen der Vereinigung der Deutschen Staatsrechtslehrer 1929, Heft 5, S. 30 bis 88.

Kelsen, Zur Soziologie der Demokratie, Der österreichische Volkswirt, 19. Jahrgang, 1926, Heft 8/9, S. 209 bis 211 und 239 bis 242.

Kelsen, Zur Theorie der juristischen Fiktion, Mit besonderer Berücksichtigung von Vaihingers Philosophie des Als-ob, Annalen der Philosophie, 1. Band, 1919, S. 630 bis 658.

Klun, „Bin ich der Hüter meines Bruders?" Zur philosophischen Begründung einer Nächstenethik, Zweites Seggauer

Gespräch, 3. und 4. April 2008: Caritas und Recht, öarr 2008, S. 399 bis 412.

Klun, Andersheit und Verstehen, Eine hermeneutische Annäherung an Levinas, Synthesis Philosophica 67 (1/2019), S. 141 bis 156.

Klun, Der Tod als Grenze: Zu einer Schlüsselfrage von Emmanuel Levinas, Prolegomena 6 (2) 2007, S. 253 bis 266.

Kutschera, Einführung in die Logik der Normen, Werte und Entscheidungen, Karl Alber, Freiburg und München 1973.

Lee, Ist die weltbürgerliche Gesellschaft möglich? Grundlegung einer politischen Ethik des Kosmopolitismus, Synthesis Philosophica 47 (1/2009), S. 49 bis 63.

Levinas, Ausweg aus dem Sein: De l'évasion, mit Anm. von Rolland, eingeleitet von Chucholowski, Meiner, Hamburg 2005.

Levinas, Die Spur des Anderen, Untersuchungen zur Phänomenologie und Sozialphilosophie, Alber, Freiburg 2012.

Levinas, Die Zeit und der Andere, Meiner, Hamburg 2003.

Levinas, Humanismus des anderen Menschen, F. Meiner, Hamburg 2005.

Levinas, Jenseits des Seins oder anders als Sein geschieht, Alber, Studienausgabe 3. Auflage, Freiburg im Breisgau 2011.

Levinas, Schriften über die Politik und das Politische, hrsg. von P. Delhom und A. Hirsch, Diaphanes, Zürich 2007.

Levinas, Totalität und Unendlichkeit, Versuch über die Exteriorität, Alber, Freiburg 2014.

Levinas, Vom Sein zum Seienden, Alber, Freiburg 2008.

Llewellyn, Some Realism about Realism, Harvard Law Review, Bd. 44 Nr. 8 (1931), S. 1222 bis 1264.

Lüdemann, Jacques Derrida zur Einführung, Junius, 3. Aufl., Hamburg 2017.

Luhmann, Das Recht der Gesellschaft (1995), Suhrkamp, 7. Auflage, Frankfurt am Main 2018.

Luhmann, Die Moral der Gesellschaft, Suhrkamp, Frankfurt am Main 2008.

Luhmann, Die Politik der Gesellschaft, Suhrkamp, 5. Aufl., Frankfurt am Main 2019.

Luhmann, Erkenntnis als Konstruktion, Benteli, Bern 1988.

Luhmann, Grundrechte als Institution, Ein Beitrag zur politischen Soziologie, 6. Aufl., Duncker & Humblot, Berlin 2019.

Luhmann, Kontingenz und Recht, Rechtstheorie im interdisziplinären Zusammenhang, hrsg. v. J.F.K. Schmidt, Suhrkamp, Berlin 2013.

Luhmann, Soziale Systeme, Grundriß einer allgemeinen Theorie, Suhrkamp, Frankfurt am Main 1984.

Luhmann, Soziologische Aufklärung 3: Soziales System, Gesellschaft, Organisation, Westdeutscher Verlag, Opladen 1981.

Luhmann, Soziologische Aufklärung 6: Die Soziologie und der Mensch, Westdeutscher Verlag, Opladen 1995.

Maus, Zur Aufklärung der Demokratietheorien, Rechts- und demokratietheoretische Überlegungen im Anschluß an Kant, Suhrkamp, Frankfurt 1992.

Mayer-Maly, Rechtsphilosophie (2001), Nachdruck, Verlag Österreich, Wien 2015.

Merkl, Baustile des modernen Staates, Universitas: Zeitschrift für Wissenschaft, Kunst und Literatur, Stuttgart 1946, S. 225 bis 241.

Merkl, Das doppelte Rechtsantlitz, Juristische Blätter, 47. Jahrgang, 1918, S. 425 bis 427, 444 bis 447 und 463 bis 465.

Merkl, Das Recht im Spiegel seiner Auslegung, Deutsche Richterzeitung, Hannover 1917, 9. Jahrgang, Heft 7/8, S. 3 ff.

Merkl, Die Rechtseinheit des österreichischen Staates, Eine staatsrechtliche Untersuchung auf Grund der Lehre von der lex posterior, Archiv des öffentlichen Rechts, 37. Band, 1918, S. 56 bis 121.

Merkl, Die Staatsbürgerpflichten nach katholischer Staatsauffassung, Zeitschrift für öffentliches Recht 1937, S. 1 bis 36.

Merkl, Die Unveränderlichkeit von Gesetzen – ein normlogisches Prinzip, Juristische Blätter, 46. Jahrgang, 1917, S. 97 bis 98 und 109 bis 111.

Merkl, Die Wandlungen des Rechtsstaatsgedankens, Österr. Verwaltungsblatt, 8. Jahrgang, 1937, S. 174 bis 182.

Merkl, Einheit oder Vielheit des Naturrechtes? Österreichische Zeitschrift für öffentliches Recht, 5. Band, 1953, S. 257 bis 311.

Merkl, Freirecht und Richterfreiheit, Schweizerische Juristen-Zeitung, 16. Jahrgang, 1920, Heft 17, S. 665 bis 268.

Merkl, Gesetzesrecht und Richterrecht, Wissenschaftliche Vierteljahresschrift der Prager Juristischen Zeitschrift, 2. Jahrgang, 1922, Heft 12, S. 337 bis 344.

Merkl, Hans Kelsens System einer reinen Rechtstheorie, Archiv des öffentlichen Rechts 1921, S: 171 bis 201.

Merkl, Idee und Gestalt der politischen Freiheit, Demokratie und Rechtsstaat, Festschrift für Zaccharia Giacometti, Zürich 1953, S. 163 bis 194.

Merkl, Justizirrtum und Rechtswahrheit, Zeitschrift für Strafrechtswissenschaften, 45. Band, 1925, Heft 2, S. 452 bis 465.

Merkl, Staatszweck und öffentliches Interesse, Verwaltungsarchiv, 27. Band, 1919, S. 268 bis 282.

Merkl, Zum 80. Geburtstag Hans Kelsens: Reine Rechtslehre und Moralordnung, Österreichische Zeitschrift für öffentliches Recht (1961) Bd. XI, H. 3-4, S. 20.

Merkl, Zum Interpretationsproblem, Grünhutsche Zeitschrift für das Privat- und öffentliche Recht der Gegenwart, A. Hölder, Wien 1916, 42. Band, S. 535 bis 556.

Merkl, Zum Problem der Rechtskraft in Justiz und Verwaltung, Zeitschrift für öffentliches Recht 1919, S. 630 bis 658.

Möhle, Ein Einstieg in Niklas Luhmanns Rechtssoziologie: Leben, Werk, Gedankenwelt, ZJS 4/2019, S. 339 bis 341.

Opałek, Überlegungen zu Hans Kelsens „Allgemeiner Theorie der Normen", Manz, Wien 1980.

Oslić, Verstehen und Nichtverstehen in der praxisbezogenen Hermeneutik Ludwig Wittgensteins, Synthesis Philosophica 64 (2/2017), S. 335 bis 348.

Pačić, Das strikte Recht: Zivilrecht, Manz, Wien 2019.

Pačić, Die Rechtsethik der Rechtschaffenen: Eine Rechtstheologie auf der Grundlage der Vernunft, Journal für Rechtspolitik 27, S. 10 bis 23 (2019).

Pačić, Europäische Demokratie, FH des BFI Wien: Working Paper Nr. 109/2019.

Pačić, Europäische Grundrechte, BoD, Norderstedt 2020.

Pačić, Logik, Ethik, Mystik: Philosophie und Rechtslehre, BoD, Norderstedt 2019.

Pačić, Philosophie des Psychischen, Vom Abriss der Psychoanalyse zur Zukunft einer Illusion, BoD, Norderstedt 2020.

Pačić, Theorie des Rechts, Eine (neue) Skizze des (alten) Naturrechts, in: Kietaibl/Mosler/Pačić, Gedenkschrift Rebhahn, Manz, Wien 2019, S. 397 bis 412.

Palyi (Hrsg.), Hauptprobleme der Soziologie, Erinnerungsgabe für Max Weber, Bd. I, Duncker & Humblot, Berlin 1923.

Pfordten, Rechtsphilosophie, Eine Einführung, C.H. Beck, München 2013.

Pistrol, Vulnerabilität, Erläuterungen zu einem Schlüsselbegriff im Denken Judith Butlers, Zeitschrift für Praktische Philosophie, Band 3, Heft 1, 2016, S. 233 bis 272.

Popper, Die beiden Grundprobleme der Erkenntnistheorie, Mohr, Tübingen 1979.

Potacs, Rechtstheorie, facultas, Wien 2015.

Pound, Law and Morals, University of North Carolina Press, 2. Auflage 1926.

Radbruch, Gesetzliches Unrecht und übergesetzliches Recht, Süddeutsche Juristen-Zeitung 1 (1946), S. 1 bis 8.

Radbruch, Rechtsphilosophie, 3. Auflage, Quelle & Meyer, Leipzig 1932.

Radić, Toleranz als Triebkraft von Demokratie und Menschenrechten: Eine Darstellung der Toleranz als Tugend, Zu anthropologischen Grundlagen der Toleranz, Synthesis Philosophica 46 (2/2008), S. 333 bis 350).

Reese-Schäfer, Niklas Luhmann zur Einführung, Junius, 6. Auflage, Hamburg 2011.

Saliger, Radbruch und Kantorowicz, Archiv für Rechts- und Sozialphilosophie, Bd. 93, Nr. 2 (2007), S. 236 bis 251.

Schnabel, Das natürliche Privatrecht, Gerold, Wien 1842.

Schwemmer, Philosophie der Praxis, Suhrkamp, Frankfurt am Main 1980.

Seitz, Gerechtigkeit, ethische Subjektivität und Alterität, Zu den normativen Implikationen der Philosophie von Emmanuel Levinas, Zeitschrift für Praktische Philosophie, Band 3, Heft 1, 2016, S. 165 bis 202.

Teubner, Recht als autopoietisches System, Suhrkamp, Frankfurt am Main 1989.

Verdross, Die allgemeinen Rechtsgrundsätze als Völkerrechtsquellen, Festschrift für Hans Kelsen zum 50. Geburtstag: Gesellschaft, Staat und Recht, hrsg. von Verdross, Wien 1931, S. 354 bis 365.

Verdross, Die bona fides als Grundlage des Völkerrechts, Juristische Blätter, 1951, 73. Jahrgang, Heft 23, S. 559 bis 560.

Verdross, Die Erneuerung der materialen Rechtsphilosophie, Zeitschrift für Schweizerisches Recht 1957, S. 181 ff.

Verdross, Die gesellschaftswissenschaftlichen Grundlagen der Völkerrechtstheorie, Archiv für Rechts- und Wirtschaftsphilosophie, 1924/25, Band XVIII, S. 413 bis 431.

Verdross, Die Idee der menschlichen Grundrechte, Anzeiger der philosophisch-historischen Klasse der Österreichischen Akademie der Wissenschaften, 1954, Nr. 23, S. 335 bis 342.

Verdross, Die Quellen des Völkerrechts, Mitteilungen der Deutschen Gesellschaft für Völkerrecht, 1930, S. 81 bis 105.

Verdross, Die Rechtstheorie Hans Kelsen's, Juristische Blätter, 59. Jahrgang, 1930, Heft 20, S. 421 bis 423.

Verdross, Die sittlichen Grundlagen des modernen Völkerrechts, Das neue Reich, Wochenschrift für Kultur, Politik und Volkswirtschaft, 1930/31, Jahrgang XIII, 1. Halbband, S. 225 bis 227.

Verdross, Die systematische Verknüpfung von Recht und Moral, Forum der Rechtsphilosophie, 1950, S. 9 bis 19.

Verdross, Die Wertgrundlagen des Völkerrechts, Archiv für Völkerrecht, 1963/54, 4. Band, S. 129 bis 139.

Verdross, Die Würde des Menschen in der abendländischen Rechtsphilosophie, „Naturordnung", Festschrift für Johannes Messner, 1961, S. 353 bis 362.

Verdross, Dynamisches Naturrecht, Forum XII/137, Mai 1965, S. 223 bis 225.

Verdross, Eine Antinomie der Rechtstheorie, Juristische Blätter, 73. Jahrgang, 1951, Heft 8, S. 169 bis 171.

Verdross, Primäres Naturrecht, sekundäres Naturrecht und positives Recht in der christlichen Rechtsphilosophie, Jus et lex, Festschrift für Max Gutzwiller, Basel 1959, S: 447 bis 455.

Verdross, Statisches und dynamisches Naturrecht, Rombach Verlag, Freiburg im Breisgau 1971.

Verdross, Völkerrecht und einheitliches Rechtssystem, Zeitschrift für Völkerrecht, Band XII, 1923, S. 405 bis 438.

Verdross, Zum Problem der Rechtsunterworfenheit des Gesetzgebers, Juristische Blätter, 45. Jahrgang, 1916, S. 471 bis 473 und 483 bis 486.

Verdross, Zum Problem der völkerrechtlichen Grundnorm, Festschrift für Hans Wehberg zu seinem 70. Geburtstag, 1956, S. 386 bis 394.

Verdross, Zur Klärung des Rechtsbegriffes, Juristische Blätter 1950, S. 97 bis 99.

Verdross, Zur Konstruktion des Völkerrechts, Zeitschrift für Völkerrecht, Band VII, 1914, S. 329 bis 359.

Vesting, Kein Anfang und kein Ende, Die Systemtheorie des Rechts als Herausforderung für Rechtswissenschaft und Rechtsdogmatik, JURA 2001, Heft 5, S. 299 bis 305.

Vesting, Rechtstheorie, C.H. Beck, München 2007.

Walter (Hrsg.), Schwerpunkte der Reinen Rechtslehre, Manz, Wien 1992.

Walter, Hans Kelsens Rechtslehre (Vortrag, 16. Juli 1998), Nomos, Baden-Baden 1999.

Walter/Jabloner/Zeleny (Hrsg.), 30 Jahre Hans-Kelsen-Institut, Manz, Wien 2003.

Whitehead, Prozeß und Realität, Entwurf einer Kosmologie, 8. Auflage, Suhrkamp, Frankfurt am Main 2018,

Würtenberger (Hrsg.), H. Kantorowicz: Rechtswissenschaft und Soziologie, Ausgewählte Schriften zur Wissenschaftslehre, C. F. Müller, Karlsruhe 1962.

Zeidler, Bioethik, Menschenwürde und reflektierende Urteilskraft, Synthesis Philosophica 46 (2/2008), S. 215 bis 223.

Zeidler, Logik des Erkenntnisprozesses, Deduktion – Induktion – Abduktion, Dissertation, Universität Wien 1979.

Zeidler, Vermittlungen, Zum antiken und neueren Idealismus, Ferstl & Perz, Wien 2016.

Zeidler, Vernunft und Erfahrung, Untersuchungen zum Erkenntnisproblem in Philosophie und Wissenschaftstheorie, Habilitationsschrift, Universität Wien 1986.

Zeillinger, »eins, zwei, viele ...« – oder: Ohne Selbst, aber in Gemeinschaft, in: Flatscher und Loidolt (Hrsg.), Das Fremde im Selbst – Das Andere im Selben, Königshausen & Neumann, Würzburg 2010, S. 225 bis 245.

Zeillinger, »Kriterien« für Recht und Gerechtigkeit, Europa und die politischen Konsequenzen des Denkens von Jacques Derrida, Ethica 2003, S. 61 bis 69.

Zeillinger, Dekonstruktive Bibellektüre, Aufmerksamkeit für die Textualität monotheistischer Schriften, in: Schriftinszenierungen, hrsg. von Roth/Seip, Festgabe für Ulrich/Garhammer, Don Bosco, München 2016, S. 143 bis 164.

Zeillinger, Der Ort der Zeit, Auf dem Weg zu einer politischen Phänomenologie, in: Zugänge, Ausgänge, Übergänge, Konstitutionsformen des sozialen Raums, hrsg. von Bedorf und Unterthurner, Königshausen & Neumann, Würzburg 2009, S. 107 bis 119.

Zeillinger, Jacques Derrida, in: A. Pelinka und D. Wineroither (Hrsg.), Idee und Interesse II, Politische Ideen und Gesellschaftstheorien im 20. Jahrhundert, Braumüller, Wien 2007, S. 301 bis 321.

Zeillinger, Jacques Derrida: Gott im-Kommen, in: Hardt und Stosch (Hrsg.), Für eine schwache Vernunft? Beiträge zu einer Theologie nach der Postmoderne, Matthias-Grünewald-Verlag, Ostfildern 2007, S. 66 bis 83.

Zeillinger, Nachträgliche Humanität und der Ansatz zur Gemeinschaft beim späten Levinas, in: Esterbauer/Ross (Hrsg.), Den Menschen im Blick, FS für Günther Pöltner, Königshausen & Neumann, Würzburg 2012, S. 89 bis 108.

Zeillinger, Offenbarung als Ereignis, Zeitgenössische Philosophie, die Rede von Gott und das Sprechen der Bibel, Salzburger Theologische Zeitschrift 21 (2017), S. 25 bis 101.

Zeillinger, Phänomenologie des Nicht-Phänomenalen, Spur und Inversion bei Emmanuel Levinas, in: Blamauer, Fasching und Flatscher (Hrsg.), Phänomenologische Aufbrüche, Peter Lang, Frankfurt am Main 2005, S. 161 bis 179.

Zeillinger, Recht gegenüber dem (herrschenden) Recht, Zur Geschichte und Bedeutung des Asyls, Tagung: Flucht und Asyl, Sozialphilosophische Perspektiven, Vortrag vom 22. April 2016 an der Universität Wien.

Zeillinger, Repräsentation einer Leerstelle, oder: Auszug ins Reale, Zur politischen Bedeutung des biblischen Exodus, der historisch nicht stattgefunden hat, Interdisciplinary Journal for Religion and Transformation (2018), Heft 7, S. 212 bis 282.

Zeillinger, Vielleicht wird das Unmögliche daher notwendig gewesen sein, Überlegungen *vor* der Freundschaft, in: Vogt, Silverman und Trottein (Hrsg.), Derrida und die Politiken der Freundschaft, Turia + Kant, Wien 2003, S. 59 bis 78.

Zeillinger, Zeugnishaftes Subjekt, in: Zichy und Schmidinger (Hrsg.), Tod des Subjekts? Poststrukturalismus und christliches Denken, Tyrolia, Innsbruck 2005, S. 243 bis 262.

Zeillinger, Zur Textualität von Geschichte, Grammatologie, différance und die Kluft der Spur, Vortrag vom 2. 12. 2017 am Institut für Philosophie der Universität Wien, Zur Aktualität der Dekonstruktion (50 Jahre Derridas *Grammatologie*).